Eine Bildreise

Gert von Bassewitz/Wolfgang Tarnowski/Ellert & Richter Verlag

Auf Thomas Manns Spuren

Inhalt

Ungeachtet bedenkenswerter Einsprüche hat die Fachwelt, von einem Millionenpublikum unterstützt, den Rang Thomas Manns in der Literaturgeschichte des 20. Jahrhunderts sehr hoch veranschlagt. Der 1955 Verstorbene sei, so heißt es, die bedeutendste literarische Persönlichkeit seiner Zeit gewesen. Hierzulande und weltweit gilt er vielen als der herausragende Repräsentant deutschen Geistes inmitten verheerender Umbrüche. Literaturhistoriker charakterisieren ihn als einen in den Strudeln der Moderne standhaltenden Klassiker am Ende einer großen Tradition. Und alle zusammen erkennen ihm bewundernd die Würde des letzten Dichterfürsten in der Nachfolge Goethes zu. Urteile wie diese hat der so Gepriesene selbst in unzähligen privaten und öffentlichen Äußerungen angeregt und beglaubigt: Genau so wollte er gesehen und gewürdigt werden – als „Spätgekommener und Letzter“, als „Abschließender und Vollender“.

Seine Hoffnung hat sich erfüllt. Heute, in der Rückschau, erscheint uns das strenge, allein der Kunst verpflichtete Schriftstellerleben Thomas Manns wie eine triumphale Bestätigung seines Ehrgeizes. Als kritischer Zeitzeuge und schmerzhaft Betroffener der großen Erschütterungen am Ende des bürgerlichen Zeitalters schuf er mit seinen Romanen und Erzählungen noch einmal ein in sich geschlossenes episches Universum, in dem Leser, die nach Orientierung suchen, eine geistige Heimat finden können, ohne dabei in wohlfeile Nostalgie zu verfallen. Wie sehr Thomas Mann damit die tiefmenschliche Sehnsucht nach Identität und Verwurzelung artikulierte, ohne sich darin zu verlieren, zeigt die fortdauernde Aktualität seines Werks. Ein knappes halbes Jahrhundert nach seinem Tod gehören die Bücher, die seinen Weltruhm begründeten: „Buddenbrooks“, „Tonio Kröger“, „Der Tod in Venedig“, „Der Zauberberg“, „Joseph und seine Brüder“, „Lotte in Weimar“, „Doktor Faustus“ und „Die Bekenntnisse des Hochstaplers Felix Krull“ noch immer zu den meistgelesenen Büchern der westlichen Welt. Und das Interesse an ihnen scheint bei Forschern wie bei Lesern wach zu bleiben – über alle literarischen Moden hinweg.

Die Ursache dieses anhaltenden Erfolgs ist unschwer auszumachen: Umfassender, grundsätzlicher und authentischer als seine schreibenden Zeitgenossen hat Thomas Mann in seinen Geschichten und Figuren das Abgründige, Paradoxe und Vieldeutige menschlicher Existenz aufgedeckt und damit das Lebensgefühl der Moderne detailgenau, tiefenscharf und wertneutral artikuliert.

Dabei entlehnte er seine Stoffe der Sphäre, die ihm vertraut und wesensnah war: der Welt des Bürgertums. Als Sproß einer traditionsbewußten Lübecker Kaufmannsfamilie kannte er die Schönheiten und den verführerischen Reiz der bürgerlichen Welt aus eigenem Erleben: ihre hohen Ideale; ihre Glaubensstärke; ihren Stolz; ihren Sinn für Ordnung, Familie und Tradition; ihren Schönheitskult; ihre romantischen Sehnsüchte und verfeinerte Lebensart. Er selbst blieb dieser Welt, der er mit den „Buddenbrooks“ ein unvergängliches Denkmal gesetzt hat, zeitlebens verhaftet: Sein gepflegtes Äußeres, seine gediegenen Villen und Landhäuser, sein prätentiöser Lebensstil, sein klassisches Bildungsideal und sein konservativer Kunstgeschmack legen beredtes Zeugnis davon ab. Doch mit dem ihm eigenen Scharfblick, Spürsinn und Einfühlungsvermögen erkannte und durchschaute er auch das Problematische, die Janusköpfigkeit bürgerlicher Existenz: die Ambivalenz ihrer Werte; das Selbstgerechte in ihrer Frömmigkeit; die Doppelbödigkeit ihrer Moral; ihren konventionellen Starrsinn; ihre Herzlosigkeit und patriarchalische Gewalttätigkeit; ihre hohlen Rituale; ihre Sentimentalität, Dekadenz und irrationale Todessehnsucht.

Der tiefe Zwiespalt der bürgerlichen Welt war auch sein Zwiespalt: Thomas Mann spürte und durchlebte ihn schmerzlich und zuweilen verzweifelt in sich selbst. Es war dieser Zwiespalt, der den intellektuellen und emotionalen Hintergrund bildete für sein „zugleich liebevolles und auflösendes“ Verhältnis zur Tradition, das nach eigenem Bekunden seine schriftstellerische Sendung bestimmte. Entsprechend widersprüchlich und dabei doch menschlich-vertraut träumen, hoffen, streben, sündigen und leiden seine literarischen Geschöpfe, die in der Vieldeutigkeit ihres Empfindens und Handelns durch die Darstellungskunst ihres Schöpfers zu Symbolträgern werden für die Vieldeutigkeit menschlicher Existenz schlechthin.

Wie wir heute wissen, ist das epochale Werk Thomas Manns, das wie kein anderes dem Leben noch in seinen zartesten und geheimsten Regungen und Bezügen nachspürt, in bewußter, selbstgewählter Distanz zum Leben entstanden. Ausschlaggebend dafür waren nicht nur die angeborenen Berührungsängste des großen Epikers, sondern auch seine von Nietzsche geprägte Überzeugung vom Wesen echter Künstlerschaft. Danach sind Leben und Kunst unversöhnliche Gegensätze mit der Folge, daß der Künstler, der sich mit dem Leben einläßt, die wahre Kunst unweigerlich verfehlt. Wer sich der Kunst ernsthaft überantworten wolle, müsse deshalb, wenn seine Kunst nicht verflachen solle, eine Sonderexistenz fernab der Menge führen und seine Einsamkeit annehmen als Preis für das Werk, dem allein er verpflichtet sei.

Thomas Mann im Arbeitszimmer seiner Münchener Villa in der Poschingerstraße (um 1930). Die vertrauten Einrichtungsgegenstände dieses komfortablen Refugiums (Schreibtisch, Bücherregale, Sessel, Bilder und Erbstücke aus dem Lübecker Elternhaus) begleiteten den Dichter durchs ganze Leben, selbst im Exil.

Thomas Mann hat sein Leben danach eingerichtet. Mit größter Disziplin und abgeschirmt von seiner Frau, die ihr eigenes Leben ganz in seinen Dienst stellte, ihm den Alltag, die Erziehung der Kinder, Verlagsverhandlungen und die Verwaltung der Gelder abnahm, hat er den Großteil seiner Zeit seinem Werk und dessen Erfordernissen gewidmet: dem Schreiben, Planen, Lesen und Briefeschreiben, und dabei seinen Tagesablauf einem strengen Reglement unterworfen, das ihn selbst in den Ferien und auf Reisen an den Schreibtisch bannte, wo seine makellosen Texte oft mühevoll und manchmal nur zeilenweise entstanden. Sein Leben war, dementsprechend, arm an äußeren Ereignissen. „Um es überspitzt auszudrücken", so ein namhafter Kritiker dazu, „er hat fast nichts erlebt und fast alles beschrieben."

Thomas Mann selbst überhöhte sein entrücktes Künstlerleben schon früh ins Bedeutsame. Er sei es gewohnt, versicherte er einem Bekannten, sich „symbolisch, das heißt: in Kunstwerken zu äußern. Man führt, möchte ich sagen, ein symbolisches, ein repräsentatives Dasein, ähnlich einem Fürsten". Diese kunstvolle Selbststilisierung, die ihm mit den Jahren zur zweiten Natur wurde, verfehlte nicht ihre Wirkung nach außen. Seine betont vornehme, ein wenig altväterliche Erscheinung, seine distanzierte Gemessenheit, sein würdevolles Auftreten bei Lesungen und Vorträgen verliehen ihm schon in den Jahren der Weimarer Republik die

Aura eines Wissenden, der von Zeit zu Zeit in die Tagesniederungen herabsteigt, um vom Höheren seiner geistigen Welt zu künden. So wuchs mit seinem Dichterruhm auch seine Legende.
Eine weitere Ausgestaltung erfuhr diese Legende durch die politischen Ereignisse. Wie viele Gebildete in wilhelminischer Zeit, so war auch Thomas Mann anfangs ein unpolitischer Reaktionär, der, wie sein großes Vorbild Nietzsche, mit dubiosen Argumenten auf der vorgeblichen Antinomie von Geist und Politik beharrte. „Alles Handeln ist Sünde in den Augen des Geistes" – dieses Credo hat er erst spät revidiert. Noch 1922, in seiner beifällig aufgenommenen Rede „Von Deutscher Republik", versicherte er seinen Zuhörern allen Ernstes, man dürfe die demokratische Verfassung „als Geschriebenes … nicht allzu wichtig nehmen". Erst als die Demokratie von Weimar bereits wankte, bekannte er sich, wenn auch ein wenig kryptisch, doch noch zur Demokratie als Staatsform der Vernunft und bezog gegen den aufkommenden Faschismus im Lande entschieden Stellung, was ihm den wütenden Haß der Nationalsozialisten eintrug, die ihn nach der Machtübernahme ins Exil zwangen und ausbürgerten. Seitdem wurde seine Stimme weltweit als die Stimme eines anderen, besseren Deutschlands gehört und geachtet, als eine Stimme der Hoffnung, der die Menschen während des Krieges respektvoll lauschten, wenn er der fratzenhaften Welt der Nazibarbarei seine Vision einer Welt des Geistes und des Humanen entgegensetzte.

Der erfolgreiche Autor der „Buddenbrooks" (1906). Wie auf diesem repräsentativen Porträtfoto verbarg Thomas Mann sein Künstlertum und sein problematisches Wesen zeitlebens hinter der Pose distanzierter Bürgerlichkeit.

Daß sich hinter der glänzenden Fassade kein fürstlicher, sondern ein zuweilen recht prosaischer, kleinlicher und schwieriger Mensch zweifelhaften Charakters verbarg, wußten Eingeweihte schon lange. Einer breiteren Öffentlichkeit erschloß sich die ganze Tragik dieses nach außen hin so illustren Künstlerlebens aber erst, als man zwanzig Jahre nach seinem Tod seine Tagebücher öffnete und publizierte. Minutiös hat Thomas Mann darin den

Kampf gegen seine Homosexualität dokumentiert, deren Anfechtungen er ein Leben lang widerstand, weil sie die bürgerliche „Verfassung“ bedrohten, die er seinem Dasein gegeben hatte. Im übrigen enthüllten die Journale mit derselben voyeuristischen Akribie, mit der er seine Figuren zeichnete, einen Labilen von erschreckender Ich-Bezogenheit und Eigenliebe. „Eine wüthende Leidenschaft für das eigene Ich“ hat sein Bruder Heinrich ihm in einem Brief attestiert; aus ihr erkläre sich „die Unfähigkeit, den wirklichen Ernst eines fremden Lebens je zu erfassen“. Das war nicht übertrieben. Tatsächlich wurden Menschen, die ihm nahestanden oder seinen Lebensweg kreuzten, seine Frau und seine Kinder eingeschlossen, vor allem danach beurteilt, ob und inwieweit sie für ihn von Interesse und Bedeutung waren. Selbst die leiseste Kritik an seinem Werk machte ihn krank. Wer grundsätzliche Fragen dazu aufwarf, wurde zum Feind gestempelt und rachsüchtig niedergemacht. Umgekehrt registrierte der größte deutsche Schriftsteller des 20. Jahrhunderts beifällig noch die belanglosesten Äußerungen, wenn sie nur Anerkennung und Wohlwollen beinhalteten.

Zu seinen Charakterzügen gehörte auch eine zuweilen boshafte Unaufrichtigkeit. Nachdem er Stefan Zweigs historische Novelle „Castellio gegen Calvin“ gelesen hatte, bedachte er den Autor für diese „Sensation, tief erregend“ mit einem überschwenglichen Brief: „... so eifrig und ganz in Banden geschlagen von der Materie und ihrer Gestaltung habe ich lange kein Buch mehr gelesen wie Ihren Castellio“. Ins Tagebuch aber notierte er: „fade und subaltern wie immer“. Und zuweilen öffneten sich Abgründe, wie in jenem unfaßbar schäbigen Kommentar des soeben erst Exilierten vom April 1933 zur Judenverfolgung im Dritten Reich: „Die Revolte gegen das Jüdische hätte gewissermaßen mein Verständnis, wenn das Deutschtum nicht so dumm wäre, meinen Typus mit in denselben Topf zu werfen und mich mit auszutreiben.“

Bei alledem litt er, den die Welt bewunderte, beneidete, umschwärmte und verwöhnte, in Permanenz: an seiner sexuellen Invertiertheit, an der vermeintlich ausbleibenden Inspiration, an seinen ständig wiederkehrenden Depressionen und Ängsten, an der Unzulänglichkeit seiner Verdauung und, am meisten, an der eigenen Unfähigkeit, seinen Nächsten Liebe zu geben, menschliche Nähe zu stiften, Freundschaft und Glück zu empfinden. Um so tiefer begreift man, wie ihm schließlich – wohl auch aus Not – das Leben zum Werk und das Werk zum Leben werden mußte; ein Werk, das zu den unsterblichen Leistungen deutscher Sprachkunst zählt und seinen Schöpfer als den legitimiert, der er, wie gesagt, als Künstler immer hatte sein wollen: als einen „Abschließenden und Vollender“.

Dreimal Thomas Mann: das Gesicht eines Mannes, dessen erfolgverwöhntes Künstlerleben von persönlichen Schicksalen zunehmend überschattet wurde – um 1933, bedroht von politischer Verfemung und Vertreibung (links); 1939, wenige Monate nach der Emigration aus dem Schweizer Exil in die USA (Mitte); im Todesjahr 1955 – gefeiert und innerlich doch einsam (rechts).

Lübeck: „Stadt der sieben Türme" – Geburtsort Thomas Manns, Schauplatz seiner Kindheit und Jugend. Wer sich Lübeck heute von Westen nähert, empfindet schon von weitem die besondere Ausstrahlung des alten Handelsplatzes, sein Fluidum einstiger Bedeutung, Macht und Größe. Diesen ins Auge springenden historischen Charakter hat die Stadt, trotz schwerer Zerstörungen in den Bombennächten des Zweiten Weltkriegs und unverzeihlicher Leichtfertigkeit beim Wiederaufbau, weitgehend bewahren können.

In seinem berühmten Romanerstling „Buddenbrooks. Verfall einer Familie" hat Thomas Mann die Eigenart des alten Lübeck, wo seine Familie eine bedeutende Rolle spielte und wo er selbst die ersten, tiefen Eindrücke seines Lebens empfing, liebevoll-kritisch und in unvergänglichen Bildern geschildert. Hier hatte er nach eigenem Zeugnis seine Wurzeln. Die berühmte Rede zur 700-Jahr-Feier der Stadt im Juni 1926 („Lübeck als geistige Lebensform") war auch ein Versuch, seine eigene Wesensart vor diesem Hintergrund zu deuten.

In den Jahren 1442 bis 1444 hat der Rat der Freien Reichsstadt
Lübeck diesen Anbau des Rathauses zur Erweiterung der Festräume
des Langen Hauses oder Danzelhuses errichten lassen. Unter den
Gewölben des Neubaues ward die Marktwaage der Stadt aufgestellt
1594 bis 1612 wurde
seine heutige Form.
Rates von Meister
geschmückt / Zugleich

Mittelpunkt der alten, von Bürgern regierten Hansestadt Lübeck ist das historische Rathaus, ein vielbewundertes Meisterwerk mittelalterlicher Profanarchitektur. Marktwärts wird der malerische Gebäudekomplex von zwei hochaufstrebenden, turmgestützten Schildwänden überragt, von denen hier die wappengeschmückte westliche abgebildet ist. Zu dieser monumentalen Schauarchitektur hat ein Bauhistoriker treffend angemerkt, sie sei in ihrer Gewaltsamkeit ein Symbol für die bedenkenlose Gewaltpolitik des Lübecker Rats in der Hansezeit. Solches Großmachtstreben änderte sich erst, als Lübeck im Zeitalter der Nationalstaaten und des Überseehandels seine Vormachtstellung einbüßte. Im ausgehenden 19. Jahrhundert, als Thomas Manns Vater dem Senat angehörte, hatte sich die ehedem so kriegerische Stadt längst in ein bescheidenes, patriarchalisch-bürgerstolzes Gemeinwesen verwandelt, das seine noch immer weitgespannten Handelsinteressen nun mit friedlichen Mitteln verfolgte.

Das 1477/78 vollendete Holstentor mit seinen beiden mächtigen Rundtürmen war einst Teil einer gewaltigen Befestigungsanlage, mit der Lübeck die wichtige Ausfallstraße nach Holstein und Hamburg sicherte. Über dem Torbogen der berühmte Wahlspruch der Stadt: CONCORDIA DOMI FORIS PAX (Eintracht im Innern, Friede nach außen). Mit denselben, aus Jugendzeiten vertrauten Worten beendete Thomas Mann am 20. Mai 1955 seine Dankesrede, nachdem er sich, ein Vierteljahr vor seinem Tode, mit seiner Vaterstadt versöhnt und die ihm angetragene Ehrenbürgerwürde in festlicher Sitzung entgegengenommen hatte: „Das ist ein großer und rührender Augenblick meines zur Rüste gehenden Lebens. Mein Herz ist voll Dank. Glück und Wohlfahrt unserer Stadt. Concordia domi, foris Pax!" Hinten links im Bild: die Marienkirche. Hier, in der prächtigen Amtskirche des Lübecker Rats, wurde Thomas Mann am 11. Juni 1875 getauft.

CONCORDIA DOMI FORIS PAX

Die Frage nach den eigenen Wurzeln hat den Dichter zeitlebens beschäftigt: „... woher komme ich, daß ich bin, wie ich bin, und mich anders nicht machen noch wünschen kann?" Thomas Mann entstammte einer begüterten Kaufmannsfamilie, die im kleinen Stadtstaat Lübeck seit 1790 eine florierende Getreidefirma betrieb. Sein Vater, Thomas Johann Heinrich Mann, ein Enkel des Firmengründers, hatte das Geschäft im Jahre 1863 übernommen. Zeitgenossen schildern ihn als eine distinguierte, aber warmherzige Persönlichkeit, die gefiel und beeindruckte. „Er war," so die Lübecker Dichterin Ida Boy-Ed, „eine Erscheinung von anmuthiger Würde, sehr gepflegt, und zeigte stets eine heitere Güte gegen jedermann. Seine Klugheit und Weltläufigkeit stellte ihn hoch über den Durchschnitt seiner Mitbürger." Wie die Dichterfreundin erinnerte sich später auch der Sohn an die „Würde und Gescheitheit" des Vaters, „seinen Ehrgeiz und Fleiß, seine persönliche und geistige Eleganz, an die Bonhomie, mit der er das platte Volk zu nehmen wußte, an seine gesellschaftlichen Gaben und seinen Humor". Und er fügte, mit einem Seitenblick auf sich selbst, hinzu: „Er war kein einfacher Mann mehr, nicht robust, sondern nervös und leidensfähig, aber ein Mann der Selbstbeherrschung und des Erfolges, der es früh zu Ansehen und Ehren brachte in der Welt." Tatsächlich machte der tüchtige, hochgeachtete und allseits beliebte junge Kaufherr rasch Karriere. 1877 bestellte der Lübecker Senat den 37jährigen zum Finanzsenator und damit zum einflußreichsten Mitglied der Rathausregierung nach dem Bürgermeister.

Auch Thomas Manns Mutter Julia war eine auffallende Erscheinung. Als der spätere Senator Mann die damals 17jährige im Juni 1869 heiratete, erregte er damit einiges Aufsehen, denn Julia da Silva-Bruhns, Tochter eines deutschen Brasilienfarmers und einer portugiesisch-kreolischen Mutter, galt vielen als die schönste

Thomas Manns Eltern als junges Ehepaar: die schöne, temperament- und phantasievolle Mutter Julia und der liebenswürdige, aber vornehm distanzierte Vater Thomas Johann Heinrich Mann, angesehener Kaufherr und, später, Finanzsenator im Stadtstaat Lübeck.

Frau Lübecks. Fotos aus jener Zeit bestätigen ihre exotische Anmut. Schlank, mit schmalem Gesicht und dunklen Augen, dabei wohlerzogen und temperamentvoll, war sie für die Rolle, die sie später als Gattin eines Lübecker Senators zu spielen hatte, wie geschaffen. Und so behielt der berühmte Sohn die Mutter denn auch in Erinnerung: „Sie war von ausgesprochen romanischem Typus, in ihrer Jugend eine vielbewunderte Schönheit", „mit dem Elfenbeinteint des Südens, einer edelgeschnittenen Nase und dem reizendsten Munde, der mir vorgekommen. Gefeierte Gesellschaftsdame, stand sie einem großen Hause vor, in dessen Ballsaal die Offiziere der Garnison die Töchter des Patriziats zum Tanze führten".

Nach ihrer Hochzeit bezogen Thomas Johann Heinrich und Julia Mann zunächst eine herrschaftliche Wohnung in der Breiten Straße 54, später ein gekauftes Stadthaus in der Nähe (Breite Straße 38), das sie um einen Festsaal erweiterten, und schließlich ein selbsterbautes Gründerzeitpalais in der benachbarten Beckergrube 52. Keiner dieser repräsentativen Familienwohnsitze hat die Bombennächte des Zweiten Weltkriegs überdauert.

Aus der Ehe gingen fünf Kinder hervor: 1871 Heinrich, der, wie sein Bruder, Schriftsteller wurde; 1875 Thomas; 1877 Julia, die in München reich heiratete und sich als Witwe das Leben nahm; 1881 Carla, die als Schauspielerin erfolglos blieb und ebenfalls durch Freitod endete; schließlich, 1890, der Nachkömmling Viktor, der später ein unspektakuläres Leben als Agronom führte.

Thomas Mann behielt seine Kindheit und Jugend im Lübecker Elternhaus zeitlebens als „gehegt und glücklich" in Erinnerung. Während der liebevolle, aber strenge Vater vor allem durch seine Gegenwart, sein Vorbild und seine Ermahnungen auf die Kinder einwirkte, prägte die Mutter sie durch ihr lebhaft-herzliches Naturell und ihre künstlerischen Talente. Sie war eine wundervolle Erzählerin, die von ihrer Jugend an der brasilianischen Küste, wo Papageien, Affen und Schildkröten ihre Spielgefährten waren, packend zu berichten wußte und darüber später ein kleines Erinnerungsbuch verfaßte, das 1958 unter dem Titel „Aus Dodos Kindheit" gedruckt erschien. Zudem war sie eine begabte Vorleserin, und sie las gern und ausdauernd vor: Märchen von Grimm und Andersen, die Mythen und dramatischen Szenen Homers und Vergils, später die Romane Fritz Reuters, Goethes Gedichte, Erzählungen und Erinnerungen, romantische Geschichten von Achim von Arnim, Clemens Brentano und E. T. A. Hoffmann und vieles andere mehr. Auch zum Klavierspiel ließ sie sich nicht lange bitten, und oft – so erinnerte sich der Sohn – sang sie dazu mit ihrer „kleine(n), aber überaus angenehme(n) Stimme … alles Hochgelungene … von Mozart und Beethoven über Schubert, Schumann, Robert Franz, Brahms und Liszt bis zu den ersten nachwagnerischen Kundgebungen".

Untereinander führten die Geschwister das Gehörte dann auf ihre Weise fort, wobei das Theaterspielen sie besonders fes-

Das Lübecker Stadtpalais der Familie Mann in der Beckergrube 52, erbaut 1881/82. Hier verbrachte Thomas Mann mit seinen Geschwistern unbeschwerte Kinder- und Jugendjahre. Das Haus wurde im Zweiten Weltkrieg durch Bomben vollständig zerstört.

Die Geschwister Mann im Jahre 1885. Das fürs Familienalbum arrangierte Atelierfoto zeigt (von links): den 14jährigen Heinrich, den 10jährigen Thomas und seine 8jährige Lieblingsschwester Julia mit der vier Jahre jüngeren Carla.

selte. Kleine, hochdramatische Stücke wurden erfunden, eingeübt und der versammelten Familie vorgeführt, meist mit Trommeln und Gesang, mal auf dem Puppentheater, mal auf einer improvisierten Bühne im Salon. Vielfältige Möglichkeiten zu Auftritten und Spielen dieser Art bot den Kindern auch das nahe gelegene Palais der Großeltern Mann in der Mengstraße 4 (das heutige „Buddenbrook-Haus"), wo die Großmutter Elisabeth Mann, geb. Marty, seit dem Tod ihres Gatten in den repräsentativen Räumen der Beletage allein lebte.

In die gedankenverlorene Kinderwelt brach die Schule mit ihrem strikten Reglement unsanft ein. Thomas Mann hat aus seiner Abneigung und Verweigerung später kein Hehl gemacht: „Ich verabscheute die Schule und tat ihren Anforderungen bis ans Ende nicht Genüge. Ich verachtete sie als Milieu, kritisierte die Manieren ihrer Machthaber und befand mich früh in einer Art literarischer Opposition gegen ihren Geist, ihre Disziplin, ihre Abrichtungsmethoden." Schon in der Vorschule des Katharineums, dessen Realschulzweig er danach besuchte, blieb der Widerspenstige zweimal sitzen. Später quälte er sich mühselig in der Oberstufe voran, das „Einjährige" widerwillig vor Augen, denn an das Abitur war bei seinen dürftigen Leistungen schon bald nicht mehr zu denken. „Faul, verstockt und voll liederlichen Hohns über das Ganze: so saß ich die Jahre ab, bis man mir den Berechtigungsschein zum einjährigen Militärdienst ausstellte" – so hat Thomas Mann selbst seine Schulzeit in der Rückschau bewertet. Das erbärmliche Abschlußzeugnis vom März 1894 bestätigt dieses wenig schmeichelhafte Selbstporträt.

Außerhalb der Schulmauern lebte der heranwachsende Thomas Mann dagegen ein vergleichsweise ungezwungenes Leben. An den Nachmittagen, den Wochenenden und in den Ferien, die die Familie im Ostseebad Travemünde zu verbringen pflegte, konnte er sich ungestört seinen Lieblingsbeschäftigungen hingeben: dem Geigenspiel und, vor allem, dem schrankenlosen Lesen. Hinzu kamen an den Abenden die Theater- und Opernbesuche im Lübecker Stadttheater, die bei dem sensiblen Knaben tiefe Eindrücke hinterließen und den

Grund legten für seine lebenslange Liebe zum Schauspiel und zum Musiktheater; eine Liebe, die sich zur Leidenschaft steigerte, wenn es um die Opern Richard Wagners ging.

In diesen bewegten Lebensabschnitt fallen auch die ersten schriftstellerischen Versuche des Halbwüchsigen. Zweifellos war es der vier Jahre ältere Bruder Heinrich, der den Anstoß dazu gab, denn daß Heinrich Mann Schriftsteller werden würde, stand für diesen schon auf der Mittelstufe des Gymnasiums fest. Um auf dem Weg dahin keine Zeit zu verlieren, hatte er das Abitur verweigert und dem Vater Lehrzeiten als Buchhändler in Dresden und, später, als Verlagskaufmann in Berlin abgetrotzt, wo er, fernab und unbeaufsichtigt, seine freie Zeit am Schreibtisch und unter Literaten zubringen konnte. Der Senator verzieh ihm diese Flucht aus der Bürgerlichkeit in die Boheme nie. Dem sanfteren Thomas dagegen imponierte das kompromißlose Eintreten des Bruders für seine Berufung, und so begann er behutsam, ihm im Schreiben nachzueifern.

Daß der Schulverweigerer Thomas Mann damals tatsächlich ein begeisterter Schreiber war, der unter dem Einfluß Schillers Dramen mit Titeln wie „Die Priester" verfaßte, hat er später selbst bezeugt. Neben Theaterstücken schrieb er Tagebücher, dichtete im Stile Heines und Storms und brachte philosophische Essays zu Papier. Geblieben ist von alldem so gut wie nichts. Erhalten haben sich lediglich die beiden Nummern einer Zeitschrift, die der Jüngling, zusammen mit seinem Freund Otto Grautoff, im letzten Schuljahr (1893) unter dem Titel „Der Frühlingssturm. Monatsschrift für Kunst und Litteratur" herausbrachte und mit einem Fanfarenstoß einleitete: Die Herausgeber würden von nun an unnachsichtig „hineinfahren mit Worten und Gedanken in die Fülle von Gehirnverstaubtheit und Ignoranz und bornierten, aufgeblasenen Philistertums, das sich uns entgegenstellt".

Als der 18jährige diesen spätpubertären Schwulst niederschrieb, tat er es unter dramatisch veränderten Lebensumständen. Noch kurz zuvor, im Mai 1890, hatte der Vater zum 100jährigen Bestehen der Firma Mann ein pompöses Fest mit Feuerwerk über der Trave veranstaltet, das ganz Lübeck mitfeierte. Doch dann war alles sehr schnell gegangen. Der 51jährige mußte sich einer Blasenoperation unterziehen und starb drei Monate später, am 13. Oktober 1891, an einer mysteriösen Blutvergiftung. Er starb, wie er gelebt hatte: nach gewissenhafter Regelung aller Obliegenheiten, umgeben von Frau und Kindern, bei klarem Verstand, gefaßt und getröstet im Gebet. Dem prunkvollen Kondukt zur Familiengruft auf dem Burgtorfriedhof folgte, schweigend und bewegt, eine unabsehbare Menschenmenge.

Für die Familie bedeutete das Testament des Verstorbenen einen tiefen Einschnitt in die gewohnten Lebensverhältnisse. Weil wegen der künstlerischen Neigungen der Söhne kein Nachfolger da sei, solle die Firma gelöscht und das Firmenvermögen verkauft werden. Vom fest angelegten Erlös seien die Kinder standesgemäß, aber mit fester Hand zu erziehen. Für die Söhne müsse eine „praktische Erziehung" gewährleistet, für Thomas dann ein „praktischer Beruf" gefunden werden.

Julia Mann, die sich in der traditionell vergnügungsfeindlichen, würdeverbrämten Engstirnigkeit der Lübecker Oberschicht schon lange nicht mehr wohl gefühlt hatte, vollzog den letzten Willen ihres verstorbenen Gatten rasch und zielstrebig. Auf ihren Wunsch hin wurde nicht nur das Firmenvermögen, sondern auch das Palais an der Beckergrube verkauft. Für eine Übergangszeit zogen die Hinterbliebenen in eine kleinere Villa vor dem Burgtor (Roeckstraße 7). Dann aber, im Juli 1893, nachdem das Geschäftliche geregelt war, verließ Julia Mann mit der 15jährigen Julia, der elfjährigen Carla und dem dreijährigen Viktor die ungeliebte, backsteindunkle Hansestadt für immer, um fortan im helleren, beschwingteren München zu leben. In der Rambergstraße 2, unweit der Universität, richtete sie sich mit dem Lübecker Mobiliar eine hochherrschaftliche Acht-Zimmer-Wohnung ein, in der, mit der noch immer schönen und eleganten „Senatorin" als Mittelpunkt, schon bald ein reger gesellschaftlicher Verkehr herrschte.

Nur Thomas mußte vorerst noch „in der Haft der engen Vaterstadt" ausharren, um wenigstens das „Einjährige" zu absolvieren. Das gelang acht Monate später. Erst dann, Ende März 1894, folgte auch er, erleichtert und hoffnungsfroh, der Familie in die neue Heimat.

Thomas Mann als Gymnasiast des Lübecker Katharineums (um 1892). Über seine ungeliebte Schulzeit schrieb er in der Rückschau: „Meine Indolenz, notwendig vielleicht für mein besonderes Wachstum, mein Bedürfnis nach viel freier Zeit für Müßiggang und stille Lektüre … machten mir den Lernzwang verhaßt und bewirkten, daß ich mich trotzig über ihn hinwegsetzte."

Das Lübecker Rathaus von der Marktseite. Hier, im politischen Machtzentrum der Stadt, tagte in regelmäßigen Abständen der Senat, dem seit 1877 auch Thomas Manns Vater, Thomas Johann Heinrich Mann, als Finanzsenator angehörte – ein Amt, das ihn zum zweitmächtigsten Mann Lübecks nach dem Bürgermeister machte.
Im Hintergrund, überragt von der südlichen Schildmauer mit ihren kreisrunden Mauerdurchbrüchen, die sogenannte „Laube", von der herab die Stadtregierung den Bürgern ihre Verordnungen kundtat. Rechts (auf den Betrachter zulaufend) das „Lange Haus", das den älteren Teil des Rathauses nach Süden verlängert und dabei den Markt von der Breiten Straße abgrenzt.

Zu den großen Vorhaben des Lübecker Senats, für die Thomas Manns Vater als Finanzsenator die Mittel bereitzustellen und zu verwalten hatte, gehörte auch die 1872 beschlossene Umgestaltung des Rathauses – eine Maßnahme, die den gewissenhaften Kassenwart der kleinen Stadtrepublik während seiner ganzen 14jährigen Amtszeit (1877–1891) in Anspruch nahm. Mit der Neugestaltung demonstrierte die Stadtregierung nach der Reichsgründung von 1871 unter Hinweis auf die ruhmreiche Vergangenheit Lübecks ihr Selbstbewußtsein und den damit verknüpften Anspruch des kleinen Bundesstaats auf seine verbrieften Freiheitsrechte. Das Foto zeigt die damals entstandene prächtige neugotische Eingangshalle des Rathauses mit dem imposanten Treppenhaus. Auf dem Treppenabsatz in überwölbten Bildfeldern das große dreiteilige Wandgemälde, das im Mittelfeld programmatisch und im pathetischen Stil der Gründerjahre die Verleihung der Reichsfreiheit an die Stadt durch den Landesherrn, Herzog Heinrich den Löwen, darstellt.

Typisch für die alte Handelsstadt Lübeck waren ihre Lagerhäuser aus rotem Backstein entlang der Trave. Sie nahmen die Handelsgüter der Segelschiffe und Lastkähne auf, die vor ihnen an den Hafenkais festgemacht hatten.
Auch die Groß- und Außenhandelsfirma Johann Siegmund Mann besaß hier ihre Getreidespeicher, die anstelle von Hausnummern Phantasienamen trugen: „Der Walfisch", „Der Löwe" und „Die Eiche". In den dämmerigen Kornkammern kletterten die Geschwister Mann, wie es in den „Buddenbrooks" beschrieben wird, „zwischen den Mengen von Hafer und Weizen umher, die auf den Böden ausgebreitet waren", und „sie schwatzten mit den Arbeitern und den Schreibern, die dort in den kleinen dunklen Comptoirs zu ebener Erde saßen" und angewiesen waren, notfalls auch beim Aufwinden der Säcke mitanzupacken.
Das nebenstehende Foto zeigt ein Teilstück der ehemaligen Speicherstraße (An der Untertrave 97–99), das den ursprünglichen Eindruck des Hafenviertels aus dieser Zeit weitgehend bewahrt hat. Ein wenig weiter steht, in mittlerweile stark veränderter Umgebung, auch der einzige erhaltene Speicher der Firma Johann Siegmund Mann: „Die Eiche" (heute: An der Untertrave 34).

Das unmögliche Gasthaus

PASSAT
SCHUHBODE

Das Lübecker „Buddenbrookhaus" (Mengstraße 4) ist der Schauplatz von Thomas Manns erstem Roman: „Buddenbrooks. Verfall einer Familie", der ihm 1929 den Nobelpreis eintrug.
Die Manns, deren Geschichte die „Buddenbrooks" in dichterischer Verfremdung widerspiegeln, kauften das 1758 gebaute spätbarocke Wohn- und Geschäftshaus 1842 vom Sohn seines Erbauers. Hier wohnte und repräsentierte der neue Besitzer, Thomas Manns Großvater Johann Siegmund Mann jr. (im Roman: Konsul Johann Buddenbrook). Nach seinem Tode (1863) blieb das „Buddenbrookhaus" Wohnsitz seiner Witwe Elisabeth, geb. Marty (im Roman: Konsulin Betsy Buddenbrook, geb. Kröger).
Hier, bei der Großmutter in der Mengstraße, waren die Enkelkinder Heinrich, Thomas, Julia und Carla Mann häufige und gern gesehene Gäste.
Weil das weiträumige Palais nach dem Tode der „Konsulin" – sie starb 1890 – nicht mehr gebraucht wurde, verkaufte es Thomas Manns Vater 1891 an eine Versicherungsfirma.
In der Nacht zum Palmsonntag 1942 wurde das „Buddenbrookhaus" von Bomben schwer getroffen und bis auf die Fassade zerstört. Heute befindet sich hinter der restaurierten Schauseite in modernen Räumen das 1993 eröffnete Heinrich-und-Thomas-Mann-Zentrum, das mit einer Dauerausstellung, wechselnden Präsentationen, einer Bücherstube, Vorträgen und Kongressen an Leben und Werk der beiden Schriftstellerbrüder erinnert.

Das Katharineum in der Lübecker Königstraße, ehedem ein Franziskanerkloster, wurde in der Reformation zur Lateinschule und später in ein Gymnasium umgewandelt. Seine heutige Gestalt erhielt es in den Gründerjahren 1889 bis 1891.
Hier, im Katharineum, verbrachte Thomas Mann eine triste Schulzeit, in deren Verlauf er mehrmals sitzenblieb, ehe er 1894 die ungeliebte „Zuchtanstalt" mit dem mühsam erkämpften „Einjährigen" verließ und der inzwischen verwitweten Mutter nach München folgte.
Über seine frustrierende Schulzeit hat sich der Dichter später wiederholt geäußert. So in der folgenden Passage, deren aufgesetzter Humor die unguten Erinnerungen ahnen läßt, die der Dichter an seine Jahre im Katharineum zeitlebens bewahrte: „Ich habe eine dunkle und schimpfliche Vergangenheit … Ich bin ein verkommener Gymnasiast, nicht, daß ich durchs Abiturientenexamen gefallen wäre – es wäre Aufschneiderei, wollte ich das behaupten, sondern ich bin überhaupt nicht bis Prima gelangt; ich war schon in Sekunda so alt wie der Westerwald. Faul, verstockt und voll liederlichen Hohnes über das Ganze, verhaßt bei den Lehrern der altehrwürdigen Anstalt, ausgezeichneten Männern, die mir … den sicheren Untergang prophezeiten … So saß ich die Jahre ab …"
Im Mai 1955, ein Vierteljahr vor seinem Tode, bereitete auch das Katharineum seinem ehemaligen Sorgenkind, dem neuen Lübecker Ehren- und gefeiertem Weltbürger Thomas Mann, einen begeisterten Empfang.

Das Brodtener Steilufer bei Travemünde:
Zu Zeiten Thomas Manns gehörte das Ostseebad Travemünde als Exklave zum Stadtstaat Lübeck. Dorthin reiste die Familie Mann alljährlich in die Sommerfrische, die der schulgeplagte Thomas jedesmal ungeduldig erwartete. Travemünde, die Ostsee, der Strand: das bedeutete für den introvertierten Heranwanwachsenden Freiheit, Muße, Zeit zum Lesen und Träumen. Thomas Mann hat die Atmosphäre dieser unbeschwerten Urlaubswochen in der Begegnung Tony Buddenbrooks mit Morten Schwarzkopf, dem Sohn des Travemünder Lotsenkapitäns, einprägsam geschildert. Auf dem Höhepunkt dieser zart-unerfüllten Liebesgeschichte sitzen die beiden jungen Leute hoch über dem Meer, „wo es sich in schmaler werdenden grünen, blauen, gelben und grauen Streifen leicht gekräuselt, großartig und unabsehbar dem verwischten Horizont entgegendehnte … Sie schwiegen lange, indes das Meer ruhig und schwerfällig zu ihnen heraufrauschte … und Tony glaubte plötzlich einig zu sein mit Morten in einem großen, unbestimmten, ahnungsvollen und sehnsüchtigen Verständnis dessen, was ‚Freiheit' bedeutete."

Das Erbbegräbnis der Familie Mann auf dem Lübecker Burgtor-Friedhof.
Hier ruhen, neben ihren Frauen und Verwandten, die Mann'schen Familienoberhäupter, die zum Vorbild für die drei Vätergenerationen der „Buddenbrooks" wurden: der Firmengründer Johann Siegmund Mann sen. (im Roman: Johann Buddenbrook der Ältere), Johann Siegmund Mann jr. (im Roman: Konsul Johann Buddenbrook) und Thomas Manns Vater, Thomas Johann Heinrich Mann (im Roman: Senator Thomas Buddenbrook). An letzteren erinnert gesondert die steinerne Deckplatte über der Gruft mit dem angenommenen Familienwappen und der repräsentativ gerahmten Inschrift:

Senator
Th^s. Joh. Heinrich Mann
geb. d. 22. Aug. 1840.
gest. d. 13. Oct. 1891.

Diese kleine Villa vor dem Burgtor (Roeckstraße 7) ist das einzige Lübecker Wohnhaus der Manns, das die Zeitläufte unversehrt überstanden hat.
Hierher zog Thomas Manns Mutter Julia mit den Kindern, nachdem ihr Gatte, Senator Thomas Johann Heinrich Mann, im Oktober 1891 unerwartet früh gestorben war. Das unprätentiöse, aber bequeme Haus war das letzte Domizil der Familie in der Hansestadt. Nachdem, wie es der Verstorbene in seinem Testament angeordnet hatte, die Firma Johann Siegmund Mann gelöscht und auch das große Stadtpalais in der Beckergrube auf Wunsch der Witwe verkauft worden war, übersiedelte Julia Mann mit ihren Kindern wohlversorgt und erleichtert aus dem ungeliebt-steifen Lübeck ins beschwingtere München, wo das Leben heiterer und ungezwungener war.

Nach seiner Ankunft in München Ende März 1894 bezog der 18jährige Thomas Mann ein Zimmer im geräumigen Familiendomizil an der Rambergstraße. Von dort aus meldete er sich schon am 1. April im Kontor einer Münchener Feuerversicherungsgesellschaft, um eine Lehre anzutreten, die ihm sein Vormund unter Hinweis auf den letzten Willen des Vaters aufgenötigt hatte. In der Alltagswirklichkeit bedeutete das: zehn Stunden Stehen hinter dem Schrägpult und Kopieren der immer gleichen Verzeichnisse und Formulare – ein Schreiberdasein, banal und eintönig.

Thomas Mann hat dieses trostlos-betuliche Büroleben unter „schnupfenden Beamten" tief verabscheut. Außerhalb der Bürostunden aber fühlte er sich in München schon bald wohl und heimisch. Entspannt genoß er das Flair der Stadt, das ungewohnte Treiben auf den Straßen und in den Cafés, die amüsanten Treffs von Künstlern und Offizieren im Salon der Mutter und, nicht zuletzt, ein aus dem Erbe fließendes Taschengeld, das ausreichte für bescheidene Unternehmungen und einen guten Schneider.

Zudem begann er nun ernsthaft zu schreiben. Gleich seine erste Erzählung, eine tragische Liebesgeschichte mit dem melodramatischen Titel „Gefallen", hatte Erfolg: Die renommierte Leipziger Monatsschrift „Gesellschaft" druckte das „schreiend unreife, aber vielleicht nicht unmelodiöse Produkt" (so Thomas Mann später) noch im ersten Münchener Jahr. Abgesehen von wohlwollenden Besprechungen, trug die Novelle ihrem Autor einen anerkennenden Brief Richard Dehmels ein, der dem unbekannten Kollegen sein Entzücken und seine Ergriffenheit bekundete, ihn einen Dichter nannte und um unveröffentlichte Texte für die in Gründung begriffene Zeitschrift „Pan" bat. Weitere kleine Erfolge kamen hinzu, und allmählich, mit wachsendem Selbstvertrauen, begann der schreibende Lehrling Thomas Mann über andere, eigene Berufspläne nachzudenken.

Im Sommer 1895, nach mehr als einjähriger Bürofron, kehrte er seinem Feuerversicherungsbüro den Rücken, um Journalist zu werden. Zur Vorbereitung belegte er nach eigenem Zeugnis „an den Münchener Hochschulen in buntem und unersprießlichem Durcheinander historische, volkswirtschaftliche und schönwissenschaftliche Vorlesungen". Dabei eröffnete die neue Berufsperspektive dem nun 20jährigen einen persönlichen Freiraum, den er erleichtert nutzte. Noch im Juli 1895 folgte er der Aufforderung Heinrichs, einige Monate mit ihm in Italien zu verbringen.

Es war Thomas Manns erste Reise in den Süden. Die Brüder trafen sich in Rom, lebten während des heißen Sommers im hochgelegenen Palestrina und kehrten im Herbst in die Ewige Stadt zurück. Für den feinnervigen, zur Zurückhaltung neigenden Jüngeren war das Zusammenleben mit dem derb-sinnlichen, indiskreten Älteren eine Zeit der Selbstprüfung: Sollte auch er sich ins Leben stürzen, um, wie der Bruder, das Erlebte spontan in Literatur umzumünzen? Oder aber sollte er, wie es seiner Wesensart eher entsprach, auf Distanz bleiben, kühl beobachten und das Beobachtete bedächtig und streng kontrolliert zu Papier bringen? Als er im Oktober, mit nur zwei vollendeten Erzählungen im Gepäck, nach München zurückkehrte, war er noch unschlüssig.

Genau ein Jahr später, im Oktober 1896, reiste der mittlerweile Volljährige erneut zu Heinrich nach Rom. Doch auch diesmal wollte sich die ersehnte Klarheit zunächst nicht einstellen. Leere Stunden überbrückten die Brüder mit der Gemeinschaftsproduktion eines grotesken Bilder- und Textbuchs für die Schwester Carla. Daneben absolvierte Thomas ein ausuferndes Leseprogramm: Flaubert, die Brüder Goncourt, Turgenew, Storm, Fontane, skandinavische Familienromane und – für ihn der nachhaltigste Eindruck – Nietzsche. In einer späteren autobiographischen Skizze hat er seine Stimmung damals als „pessimistisch-moralistisch" und „antihedonistisch" beschrieben, zusammengesetzt aus „Indolenz, schlechtem bürgerlichem Gewissen und dem sicheren Gefühl latenter Fähigkeiten".

Immerhin war der vom mageren Ertrag dieses Anfangs Enttäuschte dann doch inspiriert und diszipliniert genug, um zur Jahreswende 1896/97 die reifste Erzählung seiner Frühzeit abzuschließen: die tragische Novelle „Der kleine Herr Friedemann", ein atmosphäredichtes Meisterwerk, das er später selbst als seinen „eigentlichen Durchbruch in die Literatur" bezeichnet hat. Noch im Winter schickte er das Manuskript an die angesehene Literaturzeitschrift des Berliner S. Fischer Verlags, die „Neue Deutsche Rundschau", die es bereitwillig annahm und schon in der Mai-Ausgabe 1897 veröffentlichte. Zudem bot der Herausgeber der „Rundschau" dem jungen Autor an, eine Auswahl aus seinen gedruckten und ungedruckten Geschichten als Sammelband zu publizieren. Thomas Mann akzeptierte postwendend und hocherfreut, und so erschien das schmale Bändchen, unter dem Titel des Hauptstücks: „Der kleine Herr Friedemann", bereits im folgenden Jahr. Es war sein erstes Buch.

München, 1900: Thomas Manns Mutter, die verwitwete „Senatorin" und umschwärmte Gesellschaftsdame Julia Mann, im Salon ihrer herrschaftlichen Wohnung in der Rambergstraße 2.

Folgenreicher noch als dieser handgreifliche Erfolg war der Brief, den der Verleger Samuel Fischer selbst nach Rom schrieb. Auch er hatte den „Kleinen Herrn Friedemann“ gelesen, war beeindruckt und unterbreitete dem jungen Autor nun zwei Vorschläge: Er würde sich, erstens, freuen, „ein größeres Prosawerk“ von ihm zu veröffentlichen, „vielleicht einen Roman, wenn er … nicht so lang ist“. Und zweitens: Falls Thomas Mann ihm die Exklusivrechte für alle vollendeten und für alle künftigen Arbeiten einräume, wolle er gern sein alleiniger Verleger werden. Das war für einen 21jährigen, der bisher lediglich ein paar bemerkenswerte Geschichten in Zeitschriften veröffentlicht hatte, ein verlockendes Angebot. Selbstverständlich akzeptierte er – und nutzte seine Chance.

In den folgenden Wochen bekam das Projekt eines „größeren Prosawerks“ festere Konturen. Als Stoff bot sich an, was die Brüder schon mehrfach als Gemeinschaftsprojekt erwogen hatten: der Niedergang einer angesehenen Kaufmannsdynastie, dargestellt nach dem Vorbild der eigenen Familiengeschichte, wobei sich im Besonderen das Allgemeine spiegeln sollte: im Niedergang der Generationen der Niedergang des bürgerlichen Zeitalters. Das war, wenn auch erst in Umrissen, das Konzept der „Buddenbrooks“.

Acht Wochen nach dem Berliner Angebot, im Juli 1897, übersiedelten die Brüder, wie schon im Vorjahr, aus dem sommerheißen Rom ins kühlere Palestrina. Hier, im Gemeinschaftsraum ihrer Pension, dem „steinernen Zimmer“, nahm das Romanprojekt rasch Gestalt an. Damals entwickelte Thomas Mann erstmals die Arbeitstechnik, die er später in seinen Romanen souverän handhabte: Um Geschehnisse, Schauplätze, Personen und Gegenstände so wirklichkeitsgetreu wie möglich darstellen zu können, sammelte er geeignete Text- und Bildquellen (Fotos, Briefe, Berichte, Anekdoten, Redensarten, Kochrezepte usw.), dachte sich in sie hinein, beseelte sie mit seinem Künstlertum, wie er es nannte, und fügte sie, so verwandelt, zu einem neuen lebendigen Ganzen zusammen. Seine Frau hat diese „Montagetechnik“ später auf die einprägsame Formel gebracht: „Er fand lieber, als daß er erfand.“ Im Falle der „Buddenbrooks“ bestand dieses Finden vor allem im eifrigen Nachfragen bei Verwandten und Bekannten in Lübeck und München.

Der angehende Schriftsteller Thomas Mann um 1900 im Garten des Münchener Hofbräuhauses. Das Foto beglaubigt das literarische Selbstporträt des Dargestellten aus jenen Tagen: ein junger Herr „in präsentabler Kleidung … mit steifem Hut und gepflegtem Schnurrbart“.

Im Herbst 1897 kehrten die Brüder von Palestrina nach Rom zurück. Dort, in einer kleinen Pension nahe beim Kolosseum, begann Thomas Mann Ende Oktober mit der Niederschrift, in deren Verlauf er mit untrüglichem Instinkt schon bald zu dem Schreibrhythmus fand, den er dann ein Leben lang beibehielt. Mit seinen eigenen Worten: er arbeitete „langsam, aber fast unablässig und mit hartnäckiger Geduld". Von nun an bestimmte das beängstigend anschwellende Romanwerk den Zeittakt seines Lebens. Als er im April 1898, nach gut anderthalb Jahren, in die Heimat zurückkehrte, hatte das Manuskript bereits einen beträchtlichen Umfang angenommen.

In München war die Familie inzwischen nach Schwabing, in die Herzogstraße 2, umgezogen. Dort, in der Nähe, ließ sich nun auch Thomas Mann nieder. Dabei trieb ihn eine eigentümliche, nur „mühsam bezähmte Nervosität" um. Auf der Suche nach einer angemessenen Bleibe zog er, oft mehrmals im Jahr, von einem „Schwabinger Versteck" zum anderen. Doch beeinträchtigte das die zielstrebige Arbeit an den „Buddenbrooks" ebenso wenig wie eine aus Geldgründen willkommene Stelle als Redakteur beim „Simplicissimus", eine gelegentliche Unterbrechung für kleinere Erzählungen oder eine Erholungsreise über Lübeck nach Aalsgard an der dänischen Ostseeküste. Zuweilen allerdings verließ ihn vor der Riesenaufgabe, die er sich aufgebürdet hatte, der Mut. Dann suchte er Hilfe und Selbstbestätigung im Werk Tolstois, dessen Foto, als Mahnung und Anspruch, neben dem Stapel des „Buddenbrook"-Manuskripts stets auf seinem Schreibtisch stand.

Die Novellensammlung „Der kleine Herr Friedemann", erschienen 1898 im renommierten Berliner S. Fischer Verlag, war Thomas Manns erstes Buch.

Brüder, Schriftstellerkollegen und Konkurrenten: Heinrich Mann (stehend) und Thomas Mann um 1900, circa ein Jahr vor dem Erscheinen der „Buddenbrooks", mit denen der ehrgeizige Jüngere dem Älteren den Rang ablief.

Thomas Mann in Dichterpose (um 1900). Das Foto dokumentiert, in zeittypischer Manier, das Selbstverständnis und den Anspruch des jungen Schriftstellers, dessen Namen damals erst wenige Literatur-Interessierte kannten.

Schließlich, nach rund drei Jahren beharrlicher Arbeit, war es soweit: Am 18. Juli 1900 schrieb Thomas Mann die letzte Zeile des Romans. Einen Monat später ging das Manuskript beim Verlag ein. Dort war man zunächst verärgert: Statt der abgesprochenen 250 Seiten hatte der Autor ein Riesenwerk von höchstem Anspruch geliefert. Samuel Fischer schlug eine Kürzung auf die Hälfte vor: „Ein Roman von 65 enggedruckten Bögen ist für unser heutiges Leben fast eine Unmöglichkeit; ich glaube nicht, ob sich viele Menschen finden, die Zeit und Conzentrationslust haben, um ein Romanwerk von diesem Umfange in sich aufzunehmen." Doch Thomas Mann verweigerte sich. Und so erschienen, nachdem der Verleger schließlich eingelenkt hatte, die „Buddenbrooks. Verfall einer Familie" im Oktober 1901 in voller Länge und in zwei Bänden.

Für den erst 26jährigen bedeutete das den Durchbruch. Weitaus die meisten Rezensionen waren wohlwollend, viele begeistert und einige hellsichtig, wie die des „Berliner Tageblatts": „Dieses Buch wird wachsen mit der Zeit und von vielen Generationen gelesen werden: eines jener Kunstwerke, die wirklich über den Tag und das Zeitalter erhaben sind." Ende 1902 war die erste Auflage fast vergriffen. Mit der zweiten, nunmehr in einem Band und erheblich billiger, begann der Siegeszug des Romans. „Die preisenden Pressestimmen ... mehrten sich, ... ich wurde in einen Erfolgstaumel gerissen ... meine Post schwoll an, Geld strömte herzu, mein Bild lief durch die illustrierten Blätter, ... die Welt umarmte mich unter Lobeserhebungen und Glückwünschen" – so hat Thomas Mann selbst den Triumph der „Buddenbrooks" damals empfunden. Es war der Anfang einer lebenslangen Erfolgsgeschichte.

Die preiswerte Volksausgabe der „Buddenbrooks" in einem Band wurde ein außergewöhnlicher Erfolg und begründete Thomas Manns frühen Ruhm.

München – Thomas Manns zweite Heimat bis zur Emigration. Das Foto zeigt das Stadtzentrum um den Marienplatz. Im Vordergrund der Turm des Neuen Rathauses mit dem berühmten Glockenspiel und dem anmutigen Defilee seiner bunten Figuren. Links die Frauenkirche, deren Türme mit ihren charakteristischen kuppelförmigen Hauben zum Wahrzeichen der Stadt wurden.
Hierher, in die Kunstmetropole an der Isar, folgte der 18jährige Thomas Mann seiner verwitweten Mutter und den Geschwistern im März 1894, nachdem er in Lübeck die verhaßte Schule mit dem „Einjährigen" verlassen hatte. Von Anfang an übte die farbenfrohe, pulsierende und dennoch unaufgeregte, ja gemütvoll-bedächtige Stadt mit ihren Theatern, Konzertsälen, Museen, Hochschulen, Akademien, Cafés, Biergärten und weitläufigen Parks auf den empfänglichen jungen Mann einen großen Zauber aus, der seine Phantasie beflügelte und ihn zu eigenem künstlerischen Tun anspornte.
In München, wo er später seine Frau kennenlernte, eine Familie gründete, ein Haus baute und mit den Exponenten des geistigen Lebens verkehrte, blieb Thomas Mann rund vier Jahrzehnte – fast die Hälfte seines Lebens. Hier fühlte er sich beheimatet, anerkannt und unabhängig, bis die Nationalsozialisten ihm sein Deutschtum absprachen und ihn aus dem Lande trieben.

Der Heckenpark des Münchener „Hofgartens" mit dem Rundtempel von 1615 vor der großartigen Barockkulisse der Theatiner-Kirche.

Dem sommerlichen Glanz seiner neuen Heimat, der Schönheit ihrer Stadtgestalt und ihrer heiteren Betriebsamkeit hat der angehende Schriftsteller Thomas Mann mit der Anfangspassage seiner Novelle „Gladius Dei" einen seiner stimmungsvollsten Texte gewidmet: „München leuchtete. Über den festlichen Plätzen und weißen Säulentempelchen, den antikisierenden Monumenten und Barockkirchen, den springenden Brunnen, Palästen und Gartenanlagen der Residenz spannte sich strahlend ein Himmel von blauer Seide, und ihre breiten und lichten, umgrünten und wohlberechneten Perspektiven lagen in dem Sonnendunst eines ersten schönen Junitages. Vogelgeschwätz und heimlicher Jubel über allen Gassen … Und auf Plätzen und Zeilen rollt, wallt und summt das unüberstürzte und amüsante Treiben der schönen und gemächlichen Stadt. Reisende aller Nationen kutschieren in den kleinen, langsamen Droschken umher, indem sie rechts und links in wahlloser Neugier an den Wänden der Häuser hinaufschauen, und steigen die Freitreppen der Museen hinan … Die Kunst blüht, die Kunst ist an der Herrschaft, die Kunst streckt ihr rosenumwundenes Szepter über die Stadt hin und lächelt. Eine allseitige respektvolle Anteilnahme an ihrem Gedeihen, eine allseitige, fleißige und hingebungsvolle Übung und Propaganda in ihrem Dienste, ein treuherziger Kultus der Linie, des Schmuckes, der Form, der Sinne, der Schönheit obwaltet … München leuchtete."

Nach der Rückkehr von seiner zweiten Italienreise im April 1898 wohnte Thomas Mann für mehrere Jahre im Münchener Stadtteil Schwabing. Von der Atmosphäre dieses einstigen „Künstlerdorfes“ hat sich so gut wie nichts erhalten. Nur gelegentlich trifft man noch in Hinterhöfen und Gärten auf Reste der einfachen Häuser und stillen Winkel, die, jenseits der großen Straßen, hier einst das Stadtbild prägten.

Wie er Alt-Schwabing und seine Bewohner damals erlebte, hat Thomas Mann in „Gladius Dei“ amüsant beschrieben: „Man ist von Erwerbsgier nicht gerade gehetzt …, sondern lebt angenehmen Zwecken. Junge Künstler, runde Hütchen auf den Hinterköpfen, mit lockeren Krawatten und ohne Stock, unbesorgte Gesellen, die ihren Mietzins mit Farbenskizzen bezahlen, gehen spazieren, um diesen hellblauen Vormittag auf ihre Stimmung wirken zu lassen, und sehen den kleinen Mädchen nach, diesem hübschen, untersetzten Typus mit den brünetten Haarbandeaus, den etwas zu großen Füßen und den unbedenklichen Sitten … Jedes fünfte Haus läßt Atelierfensterscheiben in der Sonne blinken … Und plötzlich ist irgendwo die Tür an einer allzu langweiligen Fassade von einer kecken Improvisation umrahmt, von fließenden Linien und sonnigen Farben, Bacchanten, Nixen, rosigen Nacktheiten …“

Thomas Mann selbst allerdings lebte inmitten dieser Bohemewelt ein eher zurückgezogenes und diszipliniertes Leben mit regelmäßiger Arbeit an seinem ersten großen Romanwerk, das hier, in Schwabing, abgeschlossen wurde: den „Buddenbrooks“.

Thomas Mann selbst hat die bescheidenen Münchener Junggesellenwohnungen, die er bis zu seiner Heirat im Jahre 1905 bewohnte und die er auffallend oft wechselte, seine „Schwabinger Verstecke“ genannt. Von ihnen ist nur die hier abgebildete ehemalige „Pension Gisela“ in der Giselastraße 15 unverändert erhalten geblieben. Hier wohnte der angehende junge Dichter, zwischen zwei Umzügen, vom 1. bis 30. September 1902.

Wie viele reale Stationen seines Lebens, so ist auch diese in sein literarisches Werk eingegangen: Nachdem Adrian Leverkühn, die Hauptperson des „Doktor Faustus“, aus Italien nach München zurückgekehrt ist, wird er hier, in der „Schwabinger Pension … Gisella“ Wohnung nehmen, ehe er zum eigentlichen Schauplatz des Romans und seines tragischen Endes weiterreist: auf den „Hof Schweigestill“ in „Pfeiffering“ – im wirklichen Leben der Familie Mann: der Hof Schweighardt in Polling bei Weilheim in Oberbayern. Der Ort Polling ist im Anschluß an das folgende Kapitel abgebildet.

15

Die ersten Jahre nach dem Erscheinen der „Buddenbrooks" waren für ihren Autor schwierige Jahre. Zwar genoß Thomas Mann in jener Zeit mit einiger Koketterie seine neue Prominenz und den sich abzeichnenden Wohlstand. Zugleich aber litt er unter seinem „nicht sehr liebenswürdigen, selbstquälerischen, ungläubigen, argwöhnischen" Charakter und, mehr noch, unter seiner angestammten Gefühlskälte und Menschenferne, die er als „Vereisung und Verödung meiner Seele" empfand. In seiner Sehnsucht nach spontanen, warmen Empfindungen klammerte er sich verzweifelt an die schmerzlich-distanzierte Leidenschaft für einen jungen Maler aus dem Schwabinger Bekanntenkreis – eine Passion, die ihn zwar aus seiner „Vereisung" erlöste, die aber, wie er sich am Ende resigniert eingestehen mußte, nicht erwidert wurde.

In diese Zeit sinkender Zuversicht auf ein erfülltes privates Leben fiel die schicksalhafte Begegnung mit Katharina Pringsheim, seiner späteren Frau. Katia, so ihr Rufname, war die Tochter des angesehenen Mathematikprofessors und Kunstsammlers Alfred Pringsheim, von Herkunft Jüdin, eine stolze Schönheit wie ihre Mutter und Miterbin eines riesigen Vermögens. Als Thomas Mann sie kennenlernte, studierte sie Mathematik und Physik an der Münchener Universität. Der Dichter der „Buddenbrooks" war von der selbstsicheren, ein wenig spöttischen jungen Frau so beeindruckt, daß er von nun an nur dies eine Ziel vor Augen hatte: durch eine Verbindung mit ihr seiner konfliktträchtigen Existenz bürgerlichen Halt oder, wie er es nannte, eine „Verfassung" zu geben. Dabei machte er sich über die absehbaren Schwierigkeiten einer solchen Ehe keine Illusionen: Selbstverständlich werde sie nichts „Leichtes und Heiteres" sein, sondern, im Gegenteil, etwas „Ernstes, Schweres und Strenges wie das Leben selbst". Doch zunächst stießen seine Avancen auf wenig Gegenliebe. Die mädchenhafte Katia, die ihre Freiheit für diesen „leberleidenden Rittmeister" nicht aufgeben wollte, empfand dessen häufige Besuche im elterlichen Palais an der Arcisstraße 12 und sein Drängen als lästig. Was sie schließlich umstimmte, waren die eindringlichen Briefe, die ihr der beharrlich Werbende im Frühjahr 1904 in den Urlaub nachsandte; Briefe, in denen er geschickt an ihre Beschützerinstinkte appellierte: „Ich weiß ja, ... wie sehr *ich* Schuld bin an der ‚Art von Unbeholfenheit ...', die Sie mir gegenüber so leicht empfinden ... Eine Heilung von dem Repräsentativ-Künstlichen, das mir anhaftet, ... ist mir durch Eines möglich: durch das Glück; durch *Sie* meine kluge, süße, gütige, geliebte kleine Königin! ... Was ich von Ihnen erbitte, erhoffe, ersehne, ist Vertrauen, ist das zweifellose Zumirhalten selbst einer Welt, *selbst mirselbst* gegenüber, ist etwas wie Glaube, kurz ist *Liebe*." Solchen Beschwörungen hielt die junge Frau auf Dauer nicht stand. Im Oktober 1904 feierte man Verlobung. Am 11. Februar 1905 fand die Hochzeit statt: im kleinen Kreis und auf Wunsch der Braut ohne kirchliches Zeremoniell.

Damit hatte sich für Thomas Mann ein Traum erfüllt: der Traum von einem festgefügten, zurückgezogenen Künstlerleben in Unabhängigkeit und großbürgerlichem Ambiente. Im Laufe der Jahre wurden dem Paar sechs Kinder geboren, sehr rasch die ältesten: Erika (1905) und Klaus (1906), dann – noch vor dem Ersten Weltkrieg – die beiden mittleren: Angelus Gottfried (Golo) (1909) und Monika (1910), schließlich die Nachkriegskinder: Elisabeth (1918) und Michael (1919).

Von Anfang an lebten die Manns in großzügigen Verhältnissen. Zu den wachsenden Einnahmen, die Thomas aus den „Buddenbrooks" und weiteren Veröffentlichungen zog, kam ein regelmäßiger Zuschuß der Schwiegereltern. Hauspersonal, später auch Kinderfrauen, waren eine Selbstverständlichkeit. Schon die erste Wohnung der Jungverheirateten in der Franz-Joseph-Straße 2 war geräumig und kostbar eingerichtet. Die zweite in der Mauerkircher Straße 13, die man nach der Geburt des vierten Kindes im Januar 1910 bezog, hatte hochherrschaftliche Ausmaße. Im Herbst 1908 wurde der Auftrag zum Bau einer Sommervilla in Bad Tölz erteilt. Und im Januar 1914 stand dann auch die große Stadtvilla in der Poschingerstraße 1 bereit, wo die Familie, unter Bäumen und in Isarnähe, bis zur Emigration im Jahre 1933 lebte.

In solcher Umgebung vollzog sich das Familienleben in streng geordneten Bahnen, wobei es Katias Hauptsorge war sicherzustellen, daß ihr Gatte, ungestört von Kindern, Besuchern und Alltagssorgen, in Ruhe arbeiten konnte. Wie diese Arbeit aussah, hat sie später in ihren „Ungeschriebenen Memoiren" geschildert: „Sein Tageslauf war sehr diszipliniert, einfach, und verlief immer gleich. Von neun bis zwölf Uhr ungefähr schrieb er, dann machte er einen Spaziergang, aß zu Mittag, las nachmittags Zeitung, rauchte noch eine Zigarre, ruhte dann. Nach

Thomas Mann und Katia Pringsheim als Brautleute. Der damals schon berühmte Autor der „Buddenbrooks" hatte um die schöne und reiche „Prinzessin" lange werben müssen, ehe sie im Oktober 1904 in die Verlobung einwilligte.

dem Tee ging er nochmals spazieren, las und machte die Vorbereitungen, die Lektüre für seine eigene Produktion und erledigte, was er die ‚Forderung des Tages‘ nannte. Nur die drei Stunden vormittags waren für die produktive Arbeit bestimmt. Er schrieb alles mit der Hand, und wenn er am Tag zwei Seiten schrieb, war das besonders viel.“

Literarisch setzte sich Thomas Mann in dieser Zeit nach den „Buddenbrooks“ mit einem Problem auseinander, das er als ein Grundproblem des eigenen Lebens empfand: mit dem Gegensatz von Kunst und Leben. Wenn Nietzsches Behauptung zutraf, der Künstler könne seine Kunst nur dadurch rein erhalten, daß er eine Sonderexistenz abseits der Gesellschaft führe, dann folgte daraus, daß der wahre Künstler um der Kunst willen Verzicht üben muß: Verzicht auf Sinnenlust, Alltagsglück, Liebe. Solcher Verzicht und der Schmerz darüber ist das Thema der berühmten Novelle „Tonio Kröger“, deren Titelfigur auch ein Innenporträt ihres Verfassers ist. Der junge Dichter Tonio Kröger erkennt, nicht ohne Stolz, daß wahre Kunst den Künstler dem Leben entfremdet: „Da kam, mit der Qual und dem Hochmut der Erkenntnis, die Einsamkeit.“ – „Tonio Kröger“ war noch vor der Verlobung mit Katia entstanden und 1903 erschienen, zunächst in der „Neuen Deutschen Rundschau“, kurz darauf, zusammen mit fünf weiteren Novellen, in einem Sammelband mit dem Titel „Tristan“.

Von der Sonderexistenz eines Menschen handelt auch der kleine Roman, den Thomas Mann im Verlobungsjahr 1904 begonnen hatte und 1909, als junger Ehemann, abschloß: „Königliche Hoheit“. Allerdings ist hier die Hauptperson kein Künstler, sondern ein Fürst, den seine hohe Aufgabe vom Leben entfernt. Doch diesmal endet die – ursprünglich dunkler geplante – Geschichte nicht in Rückzug und Verzicht, sondern als hoffnungsfrohe Romanze mit glücklichem Ausgang, denn am Ende gelingt es dem Fürsten, sich durch eine Liebesheirat aus der Einsamkeit ins Leben zu retten. Im Hinblick auf das eigene „strenge Glück“ jener Jahre hat Thomas Mann „Königliche Hoheit“ später ausdrücklich als „die erste künstlerische Frucht meines jungen Ehestandes“ bezeichnet. Als das anmutige kleine Werk im S. Fischer Verlag 1909 erschien, wurde es trotz mancherlei Bedenken von Kritikern, die es als zu leicht befanden, rasch zum Publikumserfolg.

In diese vergleichsweise glückliche Lebensphase brach im Sommer 1910 die Tragödie seiner Schwester Carla ein. Die schöne, extrovertierte junge Frau war trotz mangelnder Begabung Schauspielerin geworden, hatte ihr exaltiertes Leben zuletzt an Provinzbühnen zugebracht und sich in zahllose Amouren verstrickt. Degoutiert von diesem glanzlosen Dasein, verlobte sie sich schließlich mit dem Sohn eines Industriellen, von dem sie sich eine Rückkehr in respektable bürgerliche Verhältnisse erhoffte. Doch als der Bräutigam erfuhr, daß sie ihn mit seinem Vorgänger betrogen hatte, wollte er sich von ihr trennen. So in die Enge getrieben, vergiftete sie sich am 30. Juli nach einer stürmischen Aussprache in der Wohnung der Mutter im oberbayerischen Polling mit Zyankali, das sie, in einem Totenschädel, stets mit sich führte. Thomas Mann traf der theatralische Selbstmord der Schwester unvorbereitet. Tief verunsichert, empfand er das Geschehene als dunkles Menetekel über der Familie, als Zeichen schwindenden Vertrauens zueinander.

Als tiefgehende Beunruhigung seines inneren Gleichgewichts erwiesen sich für Thomas Mann auch die Ereignisse des folgenden Sommers. Im Mai 1911 verbrachte die Familie einen Teil ihres Urlaubs im „Grandhotel des Bains“ auf dem Lido vor Venedig. Dort, am Strand und während der Mahlzeiten, begegnete der Dichter dem jungen polnischen Baron Wladyslaw Moes, einem Knaben, dessen Gesicht und Ausdruck (ein „Ausdruck von holdem und

Die „Prinzessin“ als junge Mutter (1907): Katia Mann, geb. Pringsheim, mit ihren beiden Ältesten: der Tochter Erika (rechts) und dem Zweitgeborenen, Klaus.

göttlichem Ernst") ihn entzückte und nachhaltig beunruhigte. Die Frucht dieser hochgespannten Sommertage vor der großartig-melancholischen Kulisse der bröckelnden Dogenstadt war eines der tiefsinnigsten und sprachmächtigsten Werke der neueren deutschen Literatur: die Novelle „Der Tod in Venedig". In ihr wird die Geschichte eines alternden Schriftstellers während eines Ferienaufenthalts am Lido erzählt: seine heftige Leidenschaft für einen schönen Knaben, seine Enthemmung, ratlos-clowneske Werbung und symbolträchtige Niederlage in einem einsamen Tod. Was damit gemeint war, hat Thomas Mann später in einer autobiographischen Skizze präzise bezeichnet: „Mein Thema (war) ... die Zerstörung eines geformten, scheinbar endgültig gemeisterten Lebens, das durch den ‚fremden Gott', durch Eros-Dionysos entwürdigt und ins Absurde gestoßen wird" – ein durch die Ereignisse wieder aktuell gewordener Angsttraum des eigenen Lebens. „Der Tod in Venedig" – er erschien 1912 in einer Luxus- und ab 1913 in der Normalausgabe – hatte in der literarischen Öffentlichkeit eine außergewöhnliche Resonanz und wurde auch ein außergewöhnlicher Verkaufserfolg.

Im selben Jahr diagnostizierten die Ärzte bei der seit längerem fiebernden Katia das Frühstadium einer Lungentuberkulose – eine Fehldiagnose, wie man heute weiß. Im März mußte die vorgeblich Kranke für sechs Monate zur Hochgebirgskur nach Davos. Dort, im „Waldsanatorium Davos", besuchte Thomas Mann sie von Mitte Mai bis Anfang Juni. Eine Visite mit weitreichenden Folgen, denn die drei ruhigen Urlaubswochen boten dem Dichter Zeit und Gelegenheit, selbst zu beobachten, was Katia ihm in ihren Briefen schon geschildert hatte: die abgeschlossene, fiebrig-entrückte Welt der Alpensanatorien mit ihrem kuriosen Nebeneinander von Hoffnung und Verzweiflung, Sinnentaumel und Ergebung, Heilung und Tod. Die Frucht dieser „wunderlichen Milieueindrücke" war das Werk, das elf Jahre später Thomas Manns Weltruhm begründete: der Roman „Der Zauberberg". Zunächst allerdings, im Sommer 1913, schwebte dem Dichter nur ein humoristisches Gegenstück zum „Tod in Venedig" vor; eine Novelle, in der „ein junger Mensch sich mit der verführerischsten Macht, dem Tode, auseinanderzusetzen hat und auf komisch-schauerliche Art durch die geistigen Gegensätze von Humanität und Romantik, Fortschritt und Reaktion, Gesundheit und Krankheit geführt wird".

Das vornehme „Grandhotel des Bains" am venezianischen Lido. Frucht der aufwühlenden Urlaubs- und Strandtage, die Thomas Mann hier im Mai 1911 durchlebte, war sein novellistisches Meisterwerk „Der Tod in Venedig".

Das Vorhaben erschien zuerst leicht und sollte rasch bewältigt werden. Doch am heimischen Schreibtisch ging die Arbeit nur mühsam voran. Schon bald zeichnete sich ab, daß das „ausladend Humoristische“ des Themas den Umfang einer Novelle wohl sprengen würde. Hinzu kam, wieder einmal, eine schwere Gemütskrise mit bohrenden Selbstzweifeln und Ahnungen des Scheiterns, die er im November 1913 dem Bruder Heinrich anvertraute: „Ich bin ausgedient, glaube ich, und hätte wahrscheinlich nie Schriftsteller werden dürfen. ‚Buddenbrooks‘ waren ein Bürgerbuch und sind nichts mehr fürs 20. Jahrhundert. ‚Tonio Kröger‘ war bloß larmoyant, ‚Königliche Hoheit‘ eitel, der ‚Tod in Venedig‘ halb gebildet und falsch.“

Neun Monate später riß der Erste Weltkrieg den mißmutig Tastenden aus seiner Privatheit. Wie die meisten deutschen Künstler und Intellektuellen gehörte auch er zu den Kriegsbegeisterten, und wie diese schlug auch er während der nächsten Monate in Zeitschriftenartikeln martialische Töne an: „Der Soldat im Künstler“ müsse „Gott loben … für den Zusammenbruch einer Friedenswelt, die er so satt, so überaus satt hatte! Wimmelte sie nicht von dem Ungeziefer des Geistes wie von Maden? Gor und stank sie nicht von den Zersetzungsstoffen der Zivilisation? … Krieg! Es war Reinigung, Befreiung, was wir empfanden und eine ungeheure Hoffnung.“ Nun werde Deutschlands Sieg die Erhaltung und Entfaltung der deutschen Seele dauerhaft ermöglichen und damit deutsche Gesittung, die gleichbedeutend sei mit Kultur – und im übrigen das Gegenteil von westlicher Zivilisation.

Die Proteste Romain Rollands und anderer gegen diesen romantischen Unsinn veranlaßten Thomas Mann, seit Herbst 1915 seine Unterscheidung von „deutscher Kultur“ und „westlicher Zivilisation“ näher zu begründen. Das Ergebnis war jenes eigentümlich verquälte und verstiegene Buch, das nach dreijähriger unfroher Arbeit im Oktober 1918 unter dem Titel „Betrachtungen eines Unpolitischen“ erschien. In einem erschreckenden Ausbruch reaktionärer Blindheit werden darin große Dichter und Philosophen, konservative Staatsdenker und Propheten deutsch-völkischer Ideologie aufgeboten, um Begriffe wie Aufklärung, Fortschritt, Demokratie und Menschenrechte als „generöse Zauber- und Schwindelworte“ zu diffamieren. Zudem sind die „Betrachtungen“ geprägt von zügelloser Wut auf Heinrich Mann, der als überzeugter Demokrat und Pazifist in einem Essay über Emile Zola den Bruder zornig, allerdings ohne ihn beim Namen zu nennen, als „Nationaldichter“, Mitläufer und Anfeuerer gebrandmarkt hatte; als einen, der „vor Hochgefühl von Sinnen“ und „verantwortungslos für die heranwachsende Katastrophe“ sei. Der böse Affront zerstörte das bisher leidlich gute Verhältnis zwischen den ungleichen Brüdern auf Jahre hinaus. Erst im Januar 1922, nach einer schweren Operation Heinrichs, fanden die beiden wieder zueinander.

Der Zusammenbruch des Deutschen Reichs, die Flucht des Kaisers, der Abgang der herrschenden Klasse, das Diktat der Sieger und die Hinwendung zur Demokratie hinterließen einen verunsichert grollenden und nachhaltig verstimmten Thomas Mann, der sich nach seiner dichterischen Arbeit zurücksehnte. Nicht zufällig entstanden damals als erstes zwei Idyllen: die Erzählung „Herr und Hund“ und das Gedicht „Gesang vom Kindchen“, eine Freudenbekundung in Hexametern über die Geburt der Lieblingstochter Elisabeth. Beide Texte erschienen noch im Revolutionsjahr 1919.

Den eigentlichen Neubeginn aber markierte die Wiederaufnahme seiner Arbeit am „Zauberberg“ im April 1919. Über die Größe dieser Aufgabe war sich Thomas Mann nun im klaren. Eingestimmt durch die Erschütterungen des großen Weltbrandes, gedachte er das ursprünglich bescheidene Projekt nun zu einem Bildungsroman nach dem Maßstab von Goethes „Wilhelm Meister“ zu entwickeln und dabei der epischen Eigengesetzlichkeit des vielschichtigen Stoffes geduldig zu folgen. Es wurde, über alle Ablenkungen und Krisen hinweg, ein Jahrhundertbuch, in dessen Ver-

Als Thomas Mann im Frühjahr 1912 seine vermeintlich lungenkranke Frau im Davoser „Waldsanatorium“ besuchte, sah er auf seinen Spaziergängen diese hölzernen Balkonlogen der nahegelegenen „Höhenklinik Valbella“. Die schöne Fassade wurde zum Vorbild für die Schilderung des „Internationalen Sanatoriums Berghof“ im Roman „Der Zauberberg“.

lauf die Hauptperson, der junge Ingenieur und Bürgersohn Hans Castorp, beim Durchgang durch die erlebnisstarken und erkenntnisträchtigen Stationen seines langwährenden Sanatoriumsdaseins zu einer Humanität heranreift, die aus der ruhig-ernsten Aneignung unterschiedlicher Standpunkte ohne ideologische Wertung hervorgeht: Humanität als Geltenlassen von Unvereinbarkeiten aus Ehrfurcht vor dem letztlich undurchschaubaren Geheimnis des Lebens.

„Der Zauberberg" begründete Thomas Manns Weltgeltung. Als das zweibändige Werk im November 1924 erschien, wurde es von Kritik und Publikum überwiegend freundlich bis begeistert aufgenommen. Schon zu Weihnachten mußte der S. Fischer Verlag die zweite Auflage drucken. Vier Jahre später waren im deutschen Sprachraum 100 000 Exemplare und im Ausland viele weitere in den meisten europäischen Sprachen verkauft.

Über Thomas Mann brach nun eine Flut öffentlicher Ehrungen herein. Das Festbankett zur Feier seines 50. Geburtstags im Juni 1925, ausgerichtet im Alten Münchener Rathaus, geriet zum gemeinsamen Jubeltreffen von Freund und Feind. Auf seinem Höhepunkt umarmten sich die ausgesöhnten Brüder Thomas und Heinrich gerührt vor aller Augen. Zum Jubiläum publizierte der S. Fischer Verlag die erste Werkausgabe in zehn Bänden. Im folgenden Jahr ehrte die Reichsregierung den Gefeierten mit der Berufung zum Gründungsmitglied der neuen „Sektion für Dichtkunst" in der Preußischen Akademie der Künste. Wiederholt durfte er Deutschland auf Kulturveranstaltungen im Ausland repräsentieren. Der größte Triumph aber war der Literatur-Nobelpreis, den Thomas Mann am 10. Dezember 1929 im Stockholmer Konserthuset aus der Hand des schwedischen Königs entgegennahm. Vom Preisgeld konnte sich die Familie, als Ersatz für die im Kriege verkaufte Tölzer Villa, im Fischerdorf Nidden auf der kurischen Nehrung ein stimmungsvolles Ferienhaus bauen, mit einem traumhaften Blick auf Haff und Dünen.

Nach der kompositorischen Mühsal des „Zauberbergs" war Thomas Mann eigentlich entschlossen, sich nun wieder der kleineren Form zuzuwenden. Dem aber widersetzte sich beharrlich ein Thema, das schon Goethe in Bann geschlagen hatte:

Die 1913 erbaute, nahe der Isar gelegene Villa der Manns in der Poschingerstraße 1. Hier lebte die Familie von Januar 1914 bis zur erzwungenen Emigration im Februar 1933. Hinter dem halbrunden Vorbau lag im Parterre das Arbeitszimmer des Dichters. Das Haus wurde 1944 von Bomben getroffen, nach dem Krieg bis zur Kellerdecke abgetragen und modern überbaut.

die biblische Geschichte von Joseph und seinen Brüdern, Genesis 37–50. Fasziniert registrierte er, wie ihm die Beschäftigung mit den Werken Sigmund Freuds einen neuen Zugang zu diesem Stoff eröffnete. Am Ende ergab sich ihm aus solcher Auseinandersetzung mit der Psychoanalyse die Vorstellung, daß jeder Mensch einem tiefgründigen mythischen Grundmuster folge, dem unentwickelte Geister instinktiv nachleben; hochentwickelte dagegen spüren die prägende Kraft aus der Tiefe bewußt in sich und tragen dem Rechnung, indem sie sich freiwillig und spielerisch mit mythischen Gestalten identifizieren, in denen sich das eigene dunkle Innere am besten abbildet. Die biblischen Josephsgeschichten schienen Thomas Mann für dieses nuancenreiche Wechselspiel von Seelentiefe und Geisthöhe ein wundervoll farbiges Aktionsfeld abzustecken. – Umfassender noch als sonst bereitete er sich auf das große Abenteuer vor: durch zwei Ägyptenreisen 1925 und 1930, durch umfängliche Studien zur Geschichte, Archäologie, Religion und Mythologie des Vorderen Orients, durch mündlichen und schriftlichen Austausch mit Fachleuten, durch Sammlung von Abbildungsmaterial, aus dem er Lokalitäten und Personen zu gestalten gedachte. Noch 1926 begann er mit der Niederschrift. Von da an begleitete das gewaltige Werk seinen Schöpfer gut 16 Jahre lang – als „Zuflucht, Trost, Heimat, Symbol der Beständigkeit, Gewähr eigenen Beharrens".

Vom Autor der „Betrachtungen eines Unpolitischen", der auf die große Weltkatastrophe von 1914/18 mit romantischen Wunschträumen und einem verbissenen Bekenntnis gegen Aufklärung, Fortschritt, Demokratie und Menschenrechte geantwortet hatte, erwartete vor allem das republikskeptische Bürgertum, daß er auch in den politischen Turbulenzen der Weimarer Republik Stellung beziehe. Thomas Mann nutzte diese Erwartung zum vorsichtigen Rückzug aus seinen extremen Positionen. Dabei blieb seine Einstellung zur Demokratie als Rechtsordnung aber zwiespältig und nebulös. In seiner vielbeachteten Rede „Von Deutscher Republik", die er am 15. Oktober 1922 im Berliner Beethovensaal hielt, bekannte er sich zwar zur politischen Wirklichkeit der Weimarer Republik; zugleich aber diffamierte er diejenigen, „die Republik nur unter der repräsentativen Form anerkennen", unter Berufung auf Novalis als „armselige Philister, leer an Geist und arm am Herzen", als „Buchstäbler": seicht und modisch.

Was ihn indes wirklich mit den Demokraten der Weimarer Republik verband und ihn zunehmend zum „demokratischen Wanderredner" machte, war sein Widerwillen gegen den weltanschaulichen Fanatismus, die Gewalttätigkeit und die Kulturbarbarei der Nationalsozialisten. Als die Reichstagswahl vom 14. September 1930 der NSDAP einen Zuwachs von zwölf auf 107 Mandate bescherte, hielt Thomas Mann einen Monat später, wiederum im Berliner Beethovensaal, seine berühmte antifaschistische „Deutsche Ansprache. Ein Appell an die Vernunft", in der er, unter den Krawallen eines Nazistörtrupps, Bürgertum und Sozialdemokratie aufforderte, gegen die drohende Machtergreifung Hitlers gemeinsam Front zu machen. Noch deutlicher wurde er im Oktober 1932 in einer Ansprache vor Arbeitern in Wien. Die Nationalsozialisten vergaßen ihm diese offene Gegnerschaft in Wort und Schrift nie – er bekam es bald zu spüren.

Am 30. Januar 1933, dem Tag der „Machtübernahme", beendete Thomas Mann das Manuskript der Rede, die er am 10. Februar, Wagners 50. Todestag, in der Münchener Universität halten sollte: „Leiden und Größe Richard Wagners". Der vom Publikum begeistert gefeierte Auftritt wurde zum vorläufig letzten in der Heimat. Schon am nächsten Tag verließ der Dichter mit seiner Frau München, um den Vortrag in Amsterdam, Brüssel und Paris zu wiederholen und danach in der Schweiz Urlaub zu machen. Doch was als gewöhnliche Vortragsreise geplant war, wurde – ungewollt – zur Emigration.

Thomas Mann während seiner „Deutschen Ansprache" im Berliner Beethovensaal am 17. Oktober 1930. Das Foto hält den Augenblick fest, in dem sich das Publikum, neugierig oder empört, nach einer Gruppe nationalsozialistischer Störer umschaut.

Der Königsplatz in München – einer der schönsten Plätze der Stadt mit der berühmten Glyptothek (links) und den Staatlichen Antikensammlungen (rechts).
In der vornehmen Arcisstraße, die den Königsplatz hinten, zwischen den Baumreihen, gegen die Stadt abgrenzt, stand bis zur „Machtübernahme" der Nationalsozialisten das Stadthaus der reichen jüdischen Familie Pringsheim (Arcisstraße 12), ein 1889/90 errichtetes historisierendes Gründerzeitpalais, in dem Thomas Mann am 11. Februar 1905 seine Hochzeit mit der Tochter des Hauses, Katia Pringsheim, feierte.
Nachdem die Nationalsozialisten den Königsplatz 1933 zum „Heldenplatz der Bewegung" erklärt hatten und darangingen, ihn in diesem Sinne für ihre Zwecke umzugestalten, fiel die Pringsheimsche Stadtresidenz, zusammen mit den Nachbarhäusern, der Spitzhacke zum Opfer. Über den eingeebneten Trümmern ließ Hitler von seinem Lieblingsarchitekten Paul Ludwig Troost die beiden grobschlächtigen Gebäudequader errichten, die im Hintergrund des Bildes die Baumkronen überragen. Der linke ist der sogenannte „Führerbau", in dem im Oktober 1938 das von Thomas Mann so heftig kritisierte „Münchener Abkommen" geschlossen wurde; unter dem rechten, dem „NS-Verwaltungsbau", liegt das abgerissene Pringsheimsche Palais begraben.

Die 1908/09 entstandene Sommervilla Thomas Manns in Tölz war das erste von insgesamt vier Häusern, die der Dichter im Laufe seines Lebens für sich und die Familie bauen ließ. Der stimmungsvolle Landsitz ist über die Jahrzehnte hinweg fast unverändert geblieben. Ein Hinweisschild an der Straße (unten) erinnert an den Bauherrn: „1909–1917. Landhaus Thomas Mann". Darunter ein Satz aus dem „Zauberberg": „Der Mensch soll um der Güte und Liebe willen dem Tode keine Herrschaft einräumen über seine Gedanken."
Für Katia und Thomas Manns wachsende Kinderschar war, wie Sohn Klaus später in seinen Erinnerungen schwärmte, das Tölzer Anwesen mit seinem großen Garten, in dem es betörend nach Tannen, Himbeeren und Kräutern duftete, eine „Mythe der Kindheit", ein „Paradies". Für Thomas Mann selbst bedeutete das „Herrensitzchen" außerhalb Münchens vor allem Ruhe, Abgeschiedenheit, Muße zum ungestörten Nachdenken und Schreiben. Hier, im kleinen, aber heimeligen Arbeitszimmer mit Blick auf die Berge, entstand eines der größten Sprachkunstwerke des 20. Jahrhunderts: die Novelle „Der Tod in Venedig".
Für die Kinder, vor allem für die Älteren, war es ein bitteres Ereignis, als die Eltern im Sommer 1917, ein Jahr vor Ende des Ersten Weltkriegs, in schwerer Zeit die Tölzer Familienidylle verkaufen mußten.

Das alte Klosterdorf Polling bei Weilheim in Oberbayern (im „Doktor Faustus“: Pfeiffering bei Waldshut). Hierher aufs Land zog, nach dem Schulabschluß ihres jüngsten Sohnes Viktor, die alternde Mutter Julia; und hier, auf dem Gutshof der Familie Schweighardt (im „Doktor Faustus“: Hof Schweigestill) absolvierte Viktor, als Auftakt zum Studium der Agronomie, ein landwirtschaftliches Praktikum.
In seinen Lebenserinnerungen („Wir waren fünf“) hat Viktor Mann sein und der Mutter Leben in Polling wie auch die Besuche Thomas und Katia Manns stimmungs- und humorvoll beschrieben. So auch das stumme Entsetzen des Bruders, wenn dieser, stets elegant gekleidet und ein wenig abgehoben, auf einem Spaziergang, bei dem er seine nicht minder elegante „Prinzessin“ am Arm führte, dem kotbespritzten Adepten der Agronomie auf seinem Mistwagen begegnete – ein ebenso komischer wie aufschlußreicher Zusammenprall zweier Welten.

Einer der vielen idyllischen Winkel im oberbayrischen Polling mit der weithin sichtbaren Kuppel der Klosterkirche im Hintergrund.
In dem zu Wohnzwecken umgebauten Flügel der alten Benediktinerabtei lag oben rechts die Wohnung der verwitweten „Senatorin" Julia Mann. Hier ereignete sich am 30. Juli 1910 die Tragödie ihrer Tochter Carla, die sich, nach einer heftigen Auseinandersetzung mit ihrem Verlobten, der sie der Untreue bezichtigte, in ihr Zimmer einschloß und mit Zyankali vergiftete.
Thomas Mann hat Ablauf und Hintergrund der Ereignisse im „Lebensabriß" von 1930 und noch einmal im „Doktor Faustus", wo die Schwester als Clarissa Rodde auftritt, ausführlich geschildert. Ihm selbst machte die Tragödie schmerzlich bewußt, wie unerbittlich eine gedankengeprägte Lebenswelt wie die seine und die „fürchterlich endgültige Wirklichkeit", wie sie hinter einer solchen Tat aufscheint, auseinanderklaffen.

15

Venedig: Die Einmündung des Canale Grande in die Lagune wird (im Hintergrund) von Baldassare Longhenas berühmter Pestkirche Santa Maria della Salute markiert. Mit diesem grandiosen Panorama empfängt, in Thomas Manns tiefgründiger Novelle „Der Tod in Venedig", die „Serenissima" den Schriftsteller Gustav von Aschenbach, der hier, im Anblick des Meeres und der Schönheit, sein Leben enden wird. An die Reling des kleinen Dampfers gelehnt, den er gleich verlassen soll, läßt Aschenbach die morbide Schönheit des melancholisch-festlichen Entrees auf sich wirken: „So sah er ihn denn wieder, den erstaunlichsten Landungsplatz, jene blendende Komposition phantastischen Bauwerks, welche die Republik den ehrfürchtigen Blicken nahender Seefahrer entgegenstellte: die leichte Herrlichkeit des Palastes und die Seufzerbrücke, die Säulen … am Ufer, die prunkend vortretende Flanke des Märchentempels, … und anschauend bedachte er, daß zu Lande, auf dem Bahnhof in Venedig anlangen einen Palast durch eine Hintertür betreten heiße, und daß man nicht anders, als wie nun er, als zu Schiffe, als über das hohe Meer die unwahrscheinlichste der Städte erreichen sollte." Zugleich prägt sich der müden Seele des Nachdenklichen ahnungsvoll das Bild der vor seinen Augen träge, schwarz und gleichgültig dümpelnden Gondeln ein, „,… seltsame Fahrzeug(e) … und so eigentümlich schwarz, wie sonst unter allen Dingen nur Särge sind" – ein Anblick, der ihn (grandiose Metapher für das eigene Schicksal, das sich hier vollenden wird) an „Bahre und düsteres Begängnis und letzte, schweigsame Fahrt" gemahnt.

Kurz vor Ausbruch des Ersten Weltkriegs ließ Thomas Mann sich und den Seinen in der Poschingerstraße 1 eine herrschaftliche Villa bauen (das entsprechende historische Foto befindet sich auf Seite 52). Deren außergewöhnlich schöne Lage, damals noch am Stadtrand von München, hat er in „Herr und Hund" anschaulich geschildert: „… mein Haus liegt fast unmittelbar an dem schnell strömenden und über flache Terrassen schäumenden Fluß, getrennt von ihm nur durch die Pappelallee, einen eingegitterten, mit jungem Ahorn bepflanzten Grasstreifen und einen erhöhten Weg, den gewaltige Espen einsäumen …" Von dieser Stadtrandidylle ist so gut wie nichts geblieben. Das Haus des Dichters wurde im Zweiten Weltkrieg stark beschädigt und mußte bis herab zur Kellerdecke abgerissen werden. Später hat der neue Besitzer hier über dem alten Grundriß einen Bungalow errichtet, der mit dem repräsentativen Vorgängerbau keinerlei Ähnlichkeit hat. So erinnert an den ehemaligen Familienwohnsitz der Manns heute nur noch die hier abgebildete, zwischen Grundstück und Isar gelegene Straße, die seit 1956 den Namen Thomas-Mann-Allee führt.

Im ehemaligen „Waldsanatorium Davos" oberhalb von Davos-Platz, heute „Waldhotel Bellevue" (links im Bild), kurierte Katia Mann im Jahre 1912 eine leichte Lungentuberkulose aus, die vermutlich gar keine war. Hier besuchte sie ihr Mann von Mitte Mai bis Anfang Juni. Die „wunderlichen Milieueindrücke" von der eigentümlich fiebrig-entrückten Welt der Schweizer Alpensanatorien, die er hier, vorbereitet durch die Briefe seiner Frau, mit eigenen Augen sah, gaben den Anstoß zu dem Werk, das viele für sein bedeutendstes halten: zum Roman „Der Zauberberg".
Während seines Besuchs in Davos wohnte der Dichter im Gästehaus des „Waldsanatoriums", dem „Haus am Stein" (in der Bildmitte rechts). Dort erinnert die unten abgebildete große Gedenktafel an ihn und zwei weitere literarische Berühmtheiten, die vor dem Verfasser des „Zauberbergs" hier vorübergehend gewohnt hatten: „In diesem Haus weilten die weltbekannten Dichter/ROBERT LOUIS STEVENSON/im Winter 1881–1882/Sir ARTHUR CONAN DOYLE/im Winter 1893–1894//THOMAS MANN/im Frühjahr 1912".

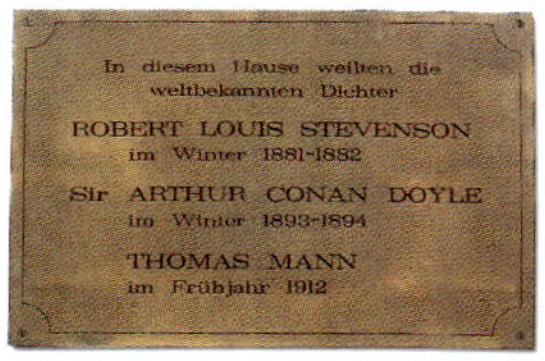

In seiner Beschreibung des „Waldsanatoriums Davos" (im Roman: „Internationales Sanatorium Berghof") hat sich Thomas Mann nicht an das wenig reizvolle Original gehalten, sondern statt dessen die reichgegliederte hölzerne Fassade der benachbarten „Höhenklinik Valbella" geschildert, die das historische Foto auf Seite 51 zeigt.

Nach dem Brand des Reichstags am 27. Februar 1933 und der daraufhin ergangenen Notverordnung v. Hindenburgs „zum Schutz von Volk und Staat" ließen die Nationalsozialisten mehr als 10 000 oppositionelle Parteiführer, Gewerkschaftsfunktionäre und kritische Intellektuelle verhaften und in Konzentrationslager sperren. Thomas Mann erfuhr davon im schweizerischen Kurort Arosa, wo er und Katia sich nach den strapaziösen Wagner-Vorträgen in München, Amsterdam, Brüssel und Paris ein wenig Ruhe gönnten. Daß die Gestapo nach der Rückkehr auch ihn in „Schutzhaft" nehmen könnte, daran mochte er allerdings zunächst nicht glauben, obwohl er dringend gewarnt wurde. Erst als Erika, mit den Manuskripten des Josephsromans im Gepäck, selbst nach Arosa kam und den Eltern die Stimmung in München aus eigener Anschauung schilderte, begriffen die den Ernst der Lage. Wenige Tage später, am 15. April, vermerkte der Dichter das Ergebnis ihrer verzweifelten Gespräche und durchwachten Nächte im Tagebuch: Die Emigration sei, „entgegen der Versteiftheit meiner 58 Jahre", doch wohl „eine Notwendigkeit".

Damit begannen für Thomas Mann die qualvollsten Monate seines Lebens. Die plötzliche Erkenntnis, daß die neuen Herren nicht zögern würden, das sorgsam gewahrte Konzept seiner bürgerlichen Existenz zu zerstören, indem sie ihm Heimat, Besitz, Vermögen, Freundeskreis, Verlag und womöglich seine Leserschaft raubten, versetzte ihn in Panik. Zudem drohte ein unausdenklicher Skandal, wenn die Nazis die im Safe der Münchener Villa verwahrten Tagebücher mit ihren kompromittierenden Intimitäten erbeuten und ausschlachten würden. Am 18. März war er mit seiner Nervenkraft am Ende: „Nach dem Erwachen zunehmender Erregungs- und Verzagtheitszustand, krisenhaft, von 8 Uhr an unter K(atia)s Beistand. Schreckliche Excitation, Ratlosigkeit, Muskelzittern, fast Schüttelfrost und Furcht, die vernünftige Besinnung zu verlieren." Solche Krisen wiederholten sich. Zum ersten Mal in seinem Leben war Thomas Mann auf Monate hinaus arbeitsunfähig.

Der besorgniserregende Zustand des Dichters veranlaßte die Familie zur Übersiedlung ins wärmere und freundlichere Lugano. Doch die Berichte, die ihnen hier zugingen, waren nicht dazu angetan, den Verzweifelten zu beschwichtigen. Am 18. April hielt Thomas Mann den „Protest der Richard-Wagner-Stadt München" in Händen, in dem 45 Persönlichkeiten des Münchener Kulturlebens, darunter zwei Musiker von Weltrang: die Komponisten Hans Pfitzner und Richard Strauss, seine Wagner-Gedenkrede in ihrer „überheblichen Geschwollenheit" als „Herabsetzung" und „Verunglimpfung" eines „wertbeständigen deutschen Geistesriesen" anprangerten. Weitere Hiobsbotschaften folgten: Mitte April wurden Konten und Wertpapierdepots der Familie gesperrt. Kurz darauf durchwühlte ein SA-Trupp die Villa in der Poschingerstraße. Zudem wartete man vergebens auf den Koffer mit den brisanten Tagebüchern, den Golo bereits am 10. April aufgegeben hatte.

Während der Wochen in Lugano hatten die Manns beschlossen, sich fürs erste in Basel niederzulassen. Doch der Versuch, dort eine geeignete Bleibe zu finden, schlug fehl. Statt dessen folgte das Ehepaar am 6. Mai einer Einladung an die Côte d'Azur, wo der deutsche Schriftstellerkollege René Schickele den Heimatlosen im Küstenstädtchen Sanary-sur-Mer ein ländlich-reizvolles Domizil in Aussicht gestellt hatte. Die daran geknüpften Erwartungen erfüllten sich: Nach kurzer Zwischenstation im nahe gelegenen Bandol konnte die Familie am 12. Juni „La Tranquille" beziehen, ein kleines, sehr ruhiges und hübsch möbliertes Haus hoch auf dem Felsen über dem Meer, in dem Thomas Mann nach monatelangem Hotelleben endlich wieder ein eigenes Arbeitszimmer hatte.

Auch sonst markierte der Aufenthalt an der Côte d'Azur eine Wende zum Besseren. Schon in Bandol hatte der Dichter seine vermißten Tagebücher zurückerhalten: Der Koffer, in dem Golo sie auf die Reise geschickt hatte, war, wie sich später herausstellte, am Grenzübergang Lindau angehalten und durchsucht, später aber freigegeben und weitergeschickt worden, weil der Durchsuchungsbeamte die brisanten Diarien für „Manuskripte zu den Romanen und Erzählungen von Thomas Mann" hielt. Auch die finanzielle Lage erschien nun in einem günstigeren Licht.

Um sich vom ersten Schock der Vertreibung aus dem nationalsozialistischen Deutschland zu erholen, übersiedelten die Manns im Frühjahr 1933 vorübergehend ins sonnige Lugano. Dort suchte der tief verstörte Dichter Trost und freundschaftlichen Rat bei Hermann Hesse (links im Bild), der sein Haus im nahe gelegenen Montagnola hatte.

Auf den Konten, die die Manns schon vor der Emigration in der Schweiz unterhalten hatten, war mittlerweile ein weiterer nennenswerter Betrag eingegangen, den Golo noch vor der Sperrung der Münchener Guthaben hatte abheben und auf Umwegen transferieren können. Hinzu kamen der Verkaufserlös aus deponierten Goldpfandbriefen und, nicht zuletzt, laufende Zahlungen des S. Fischer Verlags, die vorerst noch möglich waren. Ernste Geldsorgen waren also in naher Zukunft nicht zu befürchten.

Auch das menschliche Umfeld erwies sich als erfreulich. Bandol und Sanary-sur-Mer hatten sich nach der „Machtergreifung" zur Durchreisestation oder vorläufigen Heimat namhafter Deutschlandflüchtlinge entwickelt, unter ihnen der Bruder Heinrich, Lion Feuchtwanger, Bertolt Brecht, Arnold Zweig, Anette Kolb, Franz Werfel und viele andere. Einige dieser Emigranten trafen sich regelmäßig im Hause René Schickeles. Der Austausch dort mit Menschen, die alle dasselbe Schicksal teilten, ließ Thomas Mann die Dinge allmählich gelassener sehen, und mit der Gelassenheit kehrte auch die Lust und die Kraft zum Schreiben zurück. Schon in Bandol hatte der Dichter die Arbeit am dritten Band des Josephsromans wiederaufgenommen. Jetzt, unter dem eigenen Dach in Sanary-sur-Mer, ging die Arbeit zügiger voran.

Die Phase der Ratlosigkeit, Wanderschaft und Neuorientierung nach der unfreiwilligen Emigration endete im Herbst 1933 mit der Rückkehr in die Schweiz. Am 27. September bezogen die Manns in Küsnacht ein Haus in der Schiedhaldenstraße 33, das ihren Ansprüchen dauerhaft genügte. Für eine erschwingliche Miete bot der von einer namhaften Architektin errichtete angenehm-moderne Bau mit seinen sorgfältig inszenierten Zimmerfluchten Platz genug für Familie und Gäste, zudem einen herrlichen Blick auf den Zürichsee und die Bergketten dahinter. Zwei Monate nach dem Einzug, am 25. November, konnte man die Einrichtung komplettieren: Aus

Sommer 1933: Ihren ersten Wohnsitz nach der erzwungenen Emigration nahm die Familie Mann im Städtchen Sanary-sur-Mer an der französischen Côte d'Azur (oben). Das kleine Foto unten zeigt Thomas Mann auf der Veranda des dort gemieteten Hauses „La Tranquille".

deutschen Verstecken trafen auf Umwegen alte Möbelstücke sowie 40 Kisten mit Hausrat ein, die ihre treue Haushälterin noch vor der Enteignung der Münchener Villa unter Vorwänden hatte herausschaffen können, darunter fast die gesamte Einrichtung des Arbeitszimmers und ein Großteil der Bibliothek. Erleichtert registrierte Thomas Mann die Rückkehr zum wiedergewonnenen Lebenszuschnitt: „Es wäre undankbar, wollte ich meinen Zustand nur leidlich nennen." Zugleich aber weckte die erste Nacht unter der alten pupurnen Steppdecke trübe Gedanken: „Sie macht mir die Nimmer-Rückkehr als definitive Wirklichkeit aufs neue und mit neuem Lebensschrecken unbegreiflich-begreiflich."

Zur Wiedererlangung des gewohnt großzügigen Lebenszuschnitts gesellte sich der literarische Erfolg. Anfang Oktober 1933, nur zwei Wochen nach dem Einzug in Küsnacht, erschienen, als sei nichts geschehen, bei S. Fischer in Berlin „Die Geschichten Jaakobs": der erste Band des Josephsromans. Ein halbes Jahr später, im April 1934, folgte, wiederum unbehindert, der zweite Band der Tetralogie: „Der junge Joseph". Die Freude darüber bestärkte Thomas Mann in der Absicht, den schon begonnenen dritten Teil („Joseph in Ägypten") nun mit Nachdruck zu fördern. Das gelang: Am 23. August 1936 konnte die Familie die Fertigstellung im kleinen Kreise feiern. Der Band erschien kurz darauf, im Oktober 1936, im Verlag von Samuel Fischers Schwiegersohn Gottfried Bermann-Fischer, der einen Teil des alten jüdischen S. Fischer Verlags kurz zuvor unter seinem Namen aus Berlin nach Wien hatte retten können.

Hochgestimmt und voller Selbstvertrauen erfüllte sich Thomas Mann an dieser Wegmarke seines Lebens einen alten Traum: Statt den vierten Teil der Josephs-Tetralogie in Angriff zu nehmen, begann er schon im November 1936 mit der Niederschrift einer Erzählung, in der er sich nach eigenem Zeugnis endlich „die phantastische

Freude" machen wollte, „Goethen einmal persönlich auf die Beine zu stellen". Das Ergebnis war der kleine Roman „Lotte in Weimar", der erst 1939, nach der Übersiedlung in die Vereinigten Staaten, abgeschlossen wurde.

„Lotte in Weimar" erzählt die Geschichte eines späten Wiedersehens: Die alternde Charlotte Buff, verwitwete Hofrätin Kästner und vor mehr als 40 Jahren Vorbild für die Gestalt der Lotte in Goethes „Die Leiden des jungen Werthers", nutzt einen Verwandtenbesuch zu einem romantisch vorgestellten Zusammentreffen mit dem nun weltberühmten Jugendfreund. Der aber ist ein anderer geworden: ein reifer Künstler und Herrscher im Reich des Geistes, der mit herrscherlichem Gleichmut seiner hohen Sendung folgt – in Distanz zu anderen und zum eigenen privaten Glück. Daß dieses Bild Goethes auch ein mythisches Selbstporträt ist, „eine Identifizierung und unio mystica mit dem (Dichter-)Vater", hat Thomas Mann wiederholt bestätigt. Im Goethe des Lotte-Romans sollte man auch ihn selbst erkennen: den „Genius, dem man dient, und der nicht dankt, nur schenkt, dadurch eben, daß er vorhanden ist ...; darum die Menschen ihn denn oft auch kalt und herzlos ... finden. Doch Opfer ist auch er ... Er ist die Flamme, aber die brennende Kerze doch auch, die ihren Leib opfert, damit das Licht leuchte ..."

Was die Politik anlangt, so verfolgte Thomas Mann die Vorgänge im nationalsozialistischen Deutschland mit gespannter Aufmerksamkeit – er wußte also um die gnadenlose „Säuberung" der Kulturszene im Lande. Gleichwohl hielt er, trotz aller Demütigungen, noch jahrelang an der Illusion fest, die braunen Machthaber würden ihm, dem weltweit geachteten Literaturnobelpreisträger, die Rückkehr nach Deutschland vielleicht doch noch erlauben, seinen Besitz zurückerstatten und seine Bücher zumindest dulden. Was er wirklich von ihnen hielt, seinen „Ekel" vor ihrer „inferioren Mordlust gegen das Geistige", vertraute er einem besonderen Diarium an, das er, vermehrt um nachträgliche Einschübe, erst 1946 unter dem Titel „Leiden an Deutschland. Tagebuchblätter aus den Jahren 1933/34" veröffentlichte. Nach außen hin aber hielt er sich mit offener Kritik bewußt zurück. So antwortete er auf den „Protest der Richard-Wagner-Stadt München", trotz tiefer Betroffenheit, überaus moderat, beinahe beschwichtigend. Und von der Mitarbeit an der Exilzeitschrift „Die Sammlung", die sein Sohn Klaus in Amsterdam herausgab, zog er sich wieder zurück, nachdem Bermann-Fischer ihn beschworen hatte, das Erscheinen der ersten beiden Bände des Josephsromans nicht zu gefährden. Auch vermied er öffentliche Auftritte, die ihn in den Augen der Nationalsozialisten hätten desavouieren können.

Erst im Februar 1936, als die „Neue Züricher Zeitung", im Streit um die angeblich jüdisch dominierte deutsche Exilliteratur, Thomas Mann bei denen vermutete, „die lieber nicht zu dieser deutschen Literatur gehören möchten", gab er, gedrängt von Erika und Klaus, seine Zurückhaltung auf

Schweiz 1936: Katia und Thomas Mann mit Pastor Kuno Fiedler (rechts) auf einem Spaziergang in der Umgebung von Küsnacht, wo sich die Familie des Dichters im Herbst 1933 niedergelassen hatte. Im Küsnachter Haus der Manns hatte der Nazi-Gegner Fiedler, dem die Flucht aus der Gestapo-Haft gelungen war, vorübergehend Unterkunft gefunden.

und prangerte in einem offenen Brief den Antisemitismus der Nazis als einen Angriff auf die „christlich-antiken Fundamente abendländischer Gesittung“ an. Das war, zum ersten Mal, unmißverständlich. Am 2. Dezember 1936 – zwei Wochen, nachdem der tschechische Staatspräsident Beneš ihm und seiner Familie vorsorglich die tschechische Staatsbürgerschaft verliehen hatte – proklamierten die deutschen Behörden unter dem Rubrum „Ausstoßung von Volksschädlingen“ seine Ausbürgerung. Ihr folgte, am 19. Dezember, die Aberkennung der Ehrendoktorwürde der Bonner Universität. Thomas Manns öffentliche Antwort darauf war schneidend: Ob denn der Rektor nicht begreife, daß die Nazis auf die Isolierung Deutschlands von der zivilisierten Welt durch Krieg abzielten und „unserem verdüsterten und mißbrauchten Lande“ deshalb „Vereinsamung, Weltfeindschaft, Rechtlosigkeit, geistige Entmündigung“ und „Kulturnacht“ aufzwängen?

Das war eine offene Kampfansage und, notgedrungen, der endgültige Bruch mit der alten Heimat. Um so tröstlicher empfand Thomas Mann die wachsende Hochachtung, die ihm aus der Neuen Welt entgegenkam. Seinen 59. Geburtstag am 6. Juni 1934 hatte er, auf Einladung seines amerikanischen Verlegers Alfred A. Knopf und begleitet von Katia, in New York gefeiert. Diesem ersten Aufenthalt der Exilierten in der Neuen Welt folgten weitere im Juni/Juli 1935, im April/Mai 1937 und von Februar bis Juli 1938. Die Stationen dieser Reisen: Ankunft, Bankette, Ehrungen, Vorträge, Lesungen und Interviews, erregten sowohl beim amerikanischen Publikum als auch in der Presse freundliche bis enthusiastische Aufmerksamkeit. 1935 – in diesem Jahr erhielt der Dichter, zusammen mit Albert Einstein, die Ehrendoktorwürde der Harvard University – lud Präsident Roosevelt den von den Nazis Verjagten demonstrativ ins Weiße Haus ein. Und 1937, bei seiner dritten Amerikareise, empfing ihn die angesehene New York Herald Tribune mit dem Willkommensgruß: „Wir sind froh, daß Sie hier sind, Thomas Mann!“ Eine so herzliche Zuwendung, die sich von den traditionellen Vorbehalten der Schweizer gegen Fremde wohltuend abhob, warf die Frage auf, ob es nicht sinnvoll sei, zukünftig wenigstens einen Teil des Jahres in den Vereinigten Staaten zu verbringen.
Die Frage wurde unversehens akut. Am 18. Februar 1938 war man zur vierten Amerikareise aufgebrochen – vier Wochen später, am 12. März, marschierten deutsche Truppen in Österreich ein. Die Nachricht machte Thomas Mann angst: Konnte einer wie er sich nach dieser Gewalttat in Grenznähe zu Hitlers Deutschland noch sicher fühlen? „Mutmasslich ist es wieder ein Glück, dass wir draussen sind“, schrieb er am 20. März ins Tagebuch. Und am 21. März an eine Gönnerin: „... ganz abgesehen von allen psychischen Widerständen würde mir die Schweiz nicht einmal mehr physische Sicherheit bieten“. Den Ausschlag gab die bald nach dem Anschluß Österreichs einsetzende Hetze Hitlers nun auch gegen die Tschechoslowakei: Man werde – so Thomas Mann Ende März – das für Deutschlandflüchtige nun „nicht mehr bewohnbare“ Europa verlassen und in den Vereinigten Staaten einen neuen Anfang machen. Spontane Hilfe dazu kam von vielen Seiten. Schon im Mai bot die Universität von Princeton dem Dichter eine Ehrenprofessur für das akademische Jahr 1938/39 an, und kurz darauf wurde in der Stadt von Förderern ein schönes, geräumiges Haus gefunden und angemietet.
Danach war der Abschied von Europa kurz. Anfang Juli zogen die Manns noch einmal für knappe acht Wochen in Küsnacht ein. Doch schon im August begannen die Möbelpacker mit dem Ausräumen des Hauses. Am 13. September 1938 verabschiedete sich der Dichter im ausverkauften Züricher Schauspielhaus: Nach einem kurzen Dank an die Stadt „für die Gastlichkeit, das freundliche Asyl“ und „den Arbeitsfrieden“, den man ihm hier gewährt habe, las er kurze Passagen aus „Lotte in Weimar“. Tags darauf verließen sie die Schweiz. Am 25. September machte ihr Schiff in New York fest.

Bevor Thomas Mann im Herbst 1938 die Schweiz verließ, wo er sich nach Hitlers Einmarsch in die Tschechoslowakei nicht mehr sicher fühlte bedankte er sich am 13. September für das ihm gewährte Asyl mit einer kurzen Ansprache im Züricher Schauspielhaus und einer Lesung aus dem noch unvollendeten Roman „Lotte in Weimar“.

Während der mehr als acht Jahre, in denen der politische Flüchtling Thomas Mann seinen festen Wohnsitz in der Schweiz hatte (1933–1938 und 1952–1955), war die elegante, kulturlebendige Großstadt Zürich mit ihrer zum Zürichsee weit offenen Altstadt und ihren über die Ufer ausgreifenden Vororten Mittelpunkt seiner Lebenssphäre. Zwar lagen die Wohnhäuser der Familie in Küsnacht, Erlenbach und Kilchberg ein wenig außerhalb, aber von dort war es bis zum Stadtzentrum mit dem Auto jeweils nur eine mehr oder minder kurze Wegstrecke – ein Erfordernis, auf das der Dichter Wert legte. Nach Zürich fuhr man zu größeren Einkäufen, ins Theater und zu Konzerten. Umgekehrt bot der Dichter der weltoffenen Stadt viele Vorträge und Lesungen aus eigenen Werken. In Züricher Hotels und Zunfthäusern feierte die Familie, zuweilen unter der Gastgeberschaft der Stadt, bedeutende Jubiläen und Familienfeste. Mit einem feierlichen Dank für das gewährte Asyl verabschiedete sich Thomas Mann im Züricher Schauspielhaus von seinem Gastgeberland, als er im September 1938 aus Furcht vor den Nationalsozialisten in die USA übersiedelte. Und nach Zürich kehrte der Amerika-Müde im Juni 1952 zurück, um hier seinen Lebensabend zu verbringen. Im Städtischen Kantonsspital ist er denn auch gestorben. Sein Vermächtnis betreut seitdem das Züricher Thomas-Mann-Archiv, dem die Familie den Großteil des Nachlasses und manche Gegenstände, die den Dichter durchs Leben begleiteten, zur Pflege und Auswertung überlassen hat.

Küsnacht am Sonnenufer des Zürichsees – heute der beliebteste Vorort Zürichs und, mit mehr als 15.000 Einwohnern, einer der dichtest besiedelten.
Als Thomas Mann hier im September 1933 sein gemietetes Haus in der Schiedhaldenstraße 33 bezog, war der Ort noch sehr viel kleiner, intimer und persönlicher. Der Dichter, gewohnt, im Spazierengehen nachzudenken, wußte vor allem die schöne Umgebung zu schätzen, deren „leicht erreichbare und nicht einsame Ländlichkeit" seinen Vorstellungen sehr entgegenkam. Am Haus selbst – es liegt nur wenige Schritte vom Standort des Fotografen entfernt – gefiel ihm vor allem der hier gezeigte weite Blick über den See und aufs gegenüberliegende Ufer mit seinen bewaldeten Bergketten. In der schönen und ruhigen Umgebung lebte sich die Familie rasch ein. Trotzdem blieb das Verhältnis zu den Küsnachtern distanziert-höflich. Emigranten, selbst prominente wie Thomas Mann, waren hier nicht gern gesehen. Hinzu kam, daß die Mannschen Kinder sich ziemlich ungebärdig aufführten und daß Frau Katia, wie auch die älteste Tochter Erika, sich nur schwer an die schweizerischen Verkehrs- und Parkvorschriften gewöhnen konnten. In der Rückschau hat Katia Mann deshalb die Küsnachter Zeit mit lakonischer Zurückhaltung resümiert: „Man hat sich dort über Verschiedenes aufgeregt, aber sonst ging es uns ganz gut dort."

Als Thomas Mann am 25. September 1938 in New York von Bord ging, war er, der Noch-Tscheche, über den Zugriff Hitlers auf das Sudetenland tief erschrokken und zugleich empört über die Bedenkenlosigkeit, mit der England und Frankreich der Zerstückelung der Tschechoslowakei tatenlos zusahen. Auf einer Protestversammlung am folgenden Tag im Madison Square Garden mahnte er die Staatsmänner Europas an ihre Verantwortung: „Hitler muß gestürzt werden, das und nur das wird den Frieden erhalten!" In dieser Einschätzung gab ihm die Geschichte recht.

Zwei Tage später begann die Familie, sich in ihrer neuen Heimat Princeton einzurichten. Das gemietete „Mitford House" in der Stockton Street 65, eine elegante Villa im frühviktorianischen Stil inmitten eines prachtvollen Gartens, bot dem Dichter den gewohnt glanzvollen Rahmen. In seinem weiträumigen Arbeitszimmer fanden die aus München geretteten Möbel- und Einrichtungstücke: Schreibtisch, Bücherregale, Sessel und Lampen, stimmungsvoll Platz. Dagegen wurde die an das Princetoner Idyll geknüpfte Hoffnung auf ruhige Weiterarbeit am Hauptwerk bitter enttäuscht: Wegen immer neuer Störungen war ein Abschluß von „Lotte in Weimar" nicht in Sicht; und der letzte Teil des Josephsromans („Joseph der Ernährer") rückte offenkundig in weite Ferne. Nur mit Mühe brachte Thomas Mann eine kurze Streitschrift zu Papier, in der er – unter dem Titel „Dieser Friede" – das „Münchener Abkommen", mit dem England und Frankreich am 29. September Hitlers Annektion des Sudetenlandes ratifiziert hatten, angewidert als „Verrat von München" und eines „der schmutzigsten Stücke, die je gespielt wurden" anprangerte.

Ansonsten brach, nachdem seine neue Adresse bekannt geworden war, eine Lawine von Briefen über ihn herein, in denen hilf- und mittellose Deutschlandflüchtlinge ihn, die vielbewunderte Symbolfigur der Emigration, um Rat, Vermittlung und Unterstützung baten. Dieser schwierigen humanitären Aufgabe widmete er sich mit bewunderungswürdiger Selbstlosigkeit, obwohl sie ihn trotz Einstellung einer Sekretärin schwer belastete. In jenen Monaten – so eine Zeitzeugin später – sei der Dichter für viele Verzweifelte nicht nur ein Trost, sondern auch eine wirkliche Zuflucht gewesen.

Überaus zeitraubend waren auch die öffentlichen Verpflichtungen, denen sich Thomas Mann nicht entziehen konnte. Weil viele seine Einschätzung der politischen Lage in Europa hören wollten, reiste er mit dem Vortrag „Das Problem der Freiheit" im Lande umher, wobei sich an die eigentlichen Veranstaltungen, wie in den USA üblich, Empfänge, Benefizessen mit Prominenten, private Einladungen, Besprechungen und Interviews anschlossen. Die wenigen Stunden aber, die ihm die ausufernde Korrespondenz zwischen solchen Reisen ließ, mußte er, als Professor in Princeton, seinen Lehrveranstaltungen, den unabdingbaren Besuchen bei Kollegen und den Diskussionen mit Studenten widmen. Für das literarische Werk blieb da keine Zeit. Um so sehnlicher erwartete der Entnervte den Sommer, den er nach dem turbulenten Anfang in den USA mit Katia im gemächlicheren Europa zu verbringen gedachte.

Die Reise – sie dauerte von Mitte Juni bis Mitte September 1939 – begann mit sieben erholsamen Wochen im holländischen Seebad Noordwijk, wo Thomas Mann die Arbeit an „Lotte in Weimar" wiederaufnahm. Von Holland fuhren die Eheleute für zehn Tage in die Schweiz, um alte Bekannte und die vertrauten Örtlichkeiten wiederzusehen. Dann aber, während eines kurzen Zwischenaufenthalts in England, nahm die entspannte Urlaubsfahrt eine dramatische Wende: Unmittelbar vor der Weiterreise nach Schweden, am 23. August, meldeten die Rundfunkstationen den Pakt zwischen Hitler und Stalin – eine Nachricht, die gänzlich überraschend kam und Kriegsgerüchte schürte.

Von nun an überstürzten sich die Ereignisse: Ende August wurde der PEN-Kongreß in Stockholm, auf dem Thomas Mann seine Rede „Das Problem der Freiheit" hätte vortragen sollen, abgesagt. Am

Erster Wohnsitz der Familie Mann nach der Übersiedlung in die USA im September 1938 war das elegante „Mitford House" in der Universitätsstadt Princeton, wo Freunde dem Dichter eine Gastprofessur für das akademische Jahr 1938/39 vermittelt hatten.

1. September marschierten deutsche Truppen in Polen ein. Am 3. September erklärten England und Frankreich Deutschland den Krieg. Der daraufhin angetretene Rückflug der Manns von Schweden nach England am 9. September, bei dem sie einen Teil ihres Gepäcks zurücklassen mußten, die scharfe Zollkontrolle in London, das Ausbleiben des Dampfers in Plymouth und schließlich die Überfahrt nach New York in einem überfüllten Schiff zu weit überhöhten Preisen – das alles glich eher einer Flucht als einer Reise.
Trotzdem war der Ertrag dieses Europabesuchs im Hinblick auf das Werk erfreulich, denn mit der ihm eigenen Disziplin hatte Thomas Mann die fünfzehn Urlaubswochen genutzt, um „Lotte in Weimar" so weit voranzubringen, daß er noch während des Aufenthalts in Schweden sieben der insgesamt neun Kapitel an Bermann-Fischer druckfertig übergeben konnte. Wenige Wochen nach der Rückkehr ins heimatliche Princeton, Ende Oktober 1939, war das Werk vollendet und konnte noch vor Weihnachten in Stockholm, dem neuen Sitz des Bermann-Fischer-Verlags nach der Eindeutschung Wiens, erscheinen.

Den Abschluß seines Goethe-Romans vor Augen, hatte Thomas Mann einer Verehrerin angekündigt, er werde gleich danach den vierten und letzten Band seines Josephsromans in Angriff nehmen. Doch daraus wurde vorerst nichts. Schon im Januar 1940 mußte er erneut eine Vortrags- und Lesereise antreten. Zudem löste Hitlers Blitzkrieg gegen Holland, Belgien und Frankreich (er begann am 13. Mai) einen zweiten großen Emigrantenstrom nach Übersee aus, mit dem im Laufe des Jahres auch seine Kinder Monika und Golo sowie sein Bruder Heinrich in den USA eintrafen. Für Thomas Mann bedeutete das neuerliches Engagement für die Heimatlosen: „Unser Haus ist zu einem Rettungsbureau für Gefährdete, um Hilfe Rufende, Untergehende geworden." Die seit vier Jahren ruhende Weiterarbeit am Josephsroman konnte unter diesen Umständen erst während eines längeren Sommeraufenthalts in Kalifornien beginnen.
Neben der Fortführung des „Hauptwerks" betrachtete Thomas Mann den Kampf gegen den Nationalsozialismus als eine ständige Pflicht. Seit Oktober 1940 schrieb er für den britischen Rundfunk die monatliche Sendung „Deutsche Hörer!", die er ab März 1941 auch selbst sprach. Darin informierte er seine Landsleute in kurzen Beiträgen über aktuelle Ereignisse und Zusammenhänge, schilderte ihnen die Verbrechen an den unterjochten Völkern und den Massenmord an den Juden, warnte sie, „mit den Nazis ... bis zum Letzten durch dick und dünn zu gehen" und erinnerte sie daran, daß man die Schuldigen zur Rechenschaft ziehen werde: „Reinigung ... muß und wird stattfinden in Deutschland." Es waren vor allem diese Ansprachen, die den Dichter in den Augen vieler Deutscher zum „Verräter" stempelten.
Die ebenso ehrenvolle wie aufreibende Zeit in Princeton endete im März 1941. Am 8. April übersiedelten die Manns ins sonnige Kalifornien, wo sie in Pacific Palisades, einem südlichen Vorort von Los Angeles, am Amalfi Drive 740, einen geräumigen Bungalow gemietet hatten – für eine Übergangszeit. Denn während sie hier wohnten, entstand in der Nachbarschaft, am San Remo Drive 1550, das eigene Haus. Der Umzug dorthin fand am 5. Februar 1942 statt. Thomas Mann war vom Zauber des neuen Heims beglückt: „Die Landschaft um das Haus herum, mit dem Blick auf den Ozean, sollten Sie sehen", schrieb er wenige Wochen nach der Inbesitznahme an Hermann Hesse, „den Garten mit seinen Palmen, Öl-, Pfeffer-,

Oben links: Thomas Mann im Juli 1939 vor seinem Hotel im holländischen Badeort Noordwijk aan Zee. Links im Bild sein Schweizer Verlegerfreund Emil Oprecht, in der Mitte sein deutscher Verleger Gottfried Bermann-Fischer, der seinen Verlag mittlerweile in Stockholm betrieb.
Rechts: Am 13. Oktober 1940 empfing Thomas Mann im Hafen von New York seinen Bruder Heinrich, der nach dem Einmarsch deutscher Truppen in Frankreich seinen Wohnsitz an der Côte d'Azur hatte aufgeben müssen.

Citronen- und Eukalyptus-Bäumen, den wuchernden Blumen, dem Rasen ..." Hellbegeistert aber war er von seinem lichtdurchfluteten und dennoch intimen Arbeitszimmer, „dem schönsten ... meines Lebens".

Hier, am alten Schreibtisch hinter der Panoramascheibe mit Blick auf Palmen und Meer, vollendete der Dichter am 4. Januar 1943 mit dem Band „Joseph der Ernährer" das umfangreichste und nach eigenem Bekunden „äußerste" seiner Werke: die Roman-Tetralogie „Joseph und seine Brüder". Er hatte sie vor sechzehn Jahren (1926) in München begonnen, jetzt notierte er im Tagebuch die Wehmut des Abschieds: „Ich war erregt und traurig. Aber so ist es getan ... Ich sehe darin weit mehr als ein Monument meines Lebens, als ein solches der Kunst und des Gedankens, ein Monument der Beharrlichkeit."

Hier, im Arbeitszimmer des eigenen Hauses in Pacific Palisades, entstand seit Mai 1943 auch Thomas Manns persönlichstes Buch: „Doktor Faustus" – ein Werk, das in vielerlei Brechungen ein Abbild seiner eigenen „Lebensstimmung" ist und zugleich eine ichversessene, schmerzlichbohrende Auseinandersetzung mit dem Helldunkel deutschen Wesens. Die Geschichte, abgeleitet vom Faust-Mythos, zeichnet, von einem Erzähler berichtet, den tragischen Lebensweg des Komponisten Adrian Leverkühn nach, der sich, um zum Gipfel der Kunst zu gelangen, dem Teufel überantwortet und für seinen Triumph als Künstler mit dem Verlust an Liebe und einem (dem Schicksal Nietzsches nachgebildeten) gräßlichen Tod zahlt. „Es ist eine Art von moderner Teufelsverschreibungsgeschichte", heißt es dazu in einem Brief des Dichters, „und ein Gebilde aus Theologie, Medizin, Musik und Politik, denn die deutsche Traurigkeit soll mit hinein." Mehr als in jedem anderen Text Thomas Manns spürt man in diesem düsteren Alterswerk seine persönliche Betroffenheit und die Anstrengung, die es ihn diesmal kostete, zum Stoff und zu den Hauptpersonen des Romans den notwendigen Abstand zu wahren.

Am 23. Juni 1944, sieben Jahre nach ihrer Einwanderung, erhielten die Eheleute Mann die amerikanische Staatsbürgerschaft. Ein Jahr später, am 9. Mai 1945, endete der Zweite Weltkrieg. Für Thomas Mann endete damit auch seine Rolle als – wie er es ironisch nannte – „Wanderredner" gegen den Nationalsozialismus; eine öffentliche Aufgabe, die ihm im ganzen Lande höchste Anerkennung eingetragen hatte. Wie groß sein Ansehen in den USA damals war, wurde noch einmal auf der großen Galaveranstaltung deutlich, mit der Prominente aus Politik, Wissenschaft und Kultur Ende Juni im New Yorker Waldorf Astoria Hotel den runden Geburtstag des neuen Mitbürgers – Thomas Mann war am 6. Juni siebzig geworden – glanzvoll begingen.

Nach den Strapazen dieses triumphalen Ereignisses fühlte sich der Dichter erschöpft, und dunkle Todesahnungen beschlichen ihn. Weil sein Zustand sich auch in den folgenden Monaten nicht besserte, drang Katia schließlich auf gründliche Untersuchungen. Dabei entdeckten die Ärzte in der rechten Lunge des Patienten einen Herd, den sie als Krebsgeschwulst deuteten. Die Operation am 24. April 1946 in Chicago bestätigte den Verdacht. Für kurze Zeit ließ die Konfrontation mit dem Tod den Schwerkranken daran zweifeln, ob er den „Doktor Faustus" noch zu Ende

Wenige Monate nach dem Umzug von Princeton nach Kalifornien im April 1941 ließ sich Thomas Mann in Pacific Palisades, auf einem von Palmen, Zitronen- und Eukalyptusbäumen bestandenen Grundstück, dieses moderne Haus bauen. Hier lebten die Manns von Februar 1942 bis zu ihrer Rückkehr nach Europa im Juni 1952.

An diesem alten Münchener Schreibtisch hinter der Panoramascheibe seines lichtdurchfluteten Arbeitszimmers in Pacific Palisades schrieb Thomas Mann so heitere Texte wie den geruhsamen Schluß der Josephsromane, aber auch das düster-vergrübelte Meisterwerk seiner späten Jahre, den Roman „Doktor Faustus".

bringen werde. Doch dann erholte er sich unerwartet rasch. Schon Ende Mai saß er wieder am heimischen Schreibtisch.

Die Auseinandersetzung Thomas Manns mit deutscher Geschichte, deutscher Kultur und deutschem Wesen, die der Stoff des „Doktor Faustus" ihm aufnötigte, bewirkte fast zwangsläufig seine Teilnahme an der weltweit geführten, leidenschaftlichen Debatte über das Problem deutscher Schuld. Schon wenige Wochen nach Kriegsende meldete er sich dazu in der Washingtoner Kongreßbibliothek mit dem Vortrag „Deutschland und die Deutschen" zu Wort: Die entsetzliche Blutschuld seiner Landsleute – so die darin vertretene These – resultiere nicht, wie viele glaubten, aus ihrer angestammten Bösartigkeit, sondern aus ihrer forcierten Innerlichkeit und ihren romantischen Neigungen, denen die Tendenz innewohne, unversehens in fanatische Exzesse auszubrechen. Wer das begriffen habe, müsse erkennen: „Das böse Deutschland, das ist das fehlgegangene gute …" Zudem spiegele das deutsche Unglück die „Tragik des Menschseins überhaupt" wider. „Der Gnade, deren Deutschland so dringend bedarf, bedürfen wir alle."

Es waren solche tieferen, auf Abhilfe zielenden Einsichten, die den deutschen Schriftsteller (und frühen Hitler-Verehrer) Walter von Molo im August 1945 zu einem offenen Brief ermutigten, in dem er Thomas Mann beschwor, als „guter Arzt" „zu Rat und Tat" in die alte Heimat zurückzukehren. Doch auf dieses Ansinnen reagierte der Adressat gereizt: Er spüre in einer so „naiven Unmittelbarkeit des Wiederanknüpfens" „eine gewisse Ahnungslosigkeit", ja, „Gefühllosigkeit". Deutschland, dieses „beängstigende Land", das ihm „das Herzasthma des Exils" und „die nervösen Schrecken der Heimatlosigkeit" zugemutet habe, sei ihm „in all diesen Jahren doch recht fremd" geworden, eine Rückkehr deshalb nicht beabsichtigt.

Die distanzierte Antwort löste im zerstörten Deutschland heftige Diskussionen aus, die, angefacht von Scharfmachern, schon bald in erbitterte Streitereien über „äußere" und „innere" Emigration ausarteten. Die Folgen waren verheerend: Im Sommer 1947 ergab eine Umfrage unter bayerischen Künstlern, Stadträten, Journalisten, Wirtschaftsführern und Parteivertretern, daß von hundert Befragten nur einer die Rückkehr Thomas Manns in die alte Heimat wünschte. Als der Dichter im selben Sommer, bei seiner ersten Europareise nach dem Krieg, England, die Schweiz und Holland besuchte, Deutschland aber mied, vertiefte das den Graben noch. Um so erleichterter registrierte Thomas Mann nach seiner Rückkehr, daß die politischen Querelen den Erfolg des „Doktor Faustus" offenkundig nicht beeinträchtigten. Denn als das Buch Anfang Oktober 1947 bei Bermann-Fischer in Stockholm erschien, stieß es in Deutschland und der Schweiz auf reges Interesse und breite Zustimmung. Auch in den USA, wo das schwierige Werk im Sommer 1948 auf den Markt kam, war die Nachfrage lebhaft und stieg noch einmal drastisch, als eine unabhängige Jury es im Herbst zum „Buch des Monats" (November) wählte.

Gesteigertes Selbstvertrauen, das Abflauen der Angriffe in der deutschen Presse und eine Flut verehrungsvoller Briefe, die ihn nach dem Erscheinen des „Doktor Faustus" aus der alten Heimat erreichten, trugen dazu bei, daß Thomas Manns Vor-

Nach seiner Lungenkrebsoperation im April 1946 behinderte die große Operationsnarbe die gewohnte Arbeit am Schreibtisch. Seitdem schrieb Thomas Mann bequem zurückgelehnt in seiner Sofaecke auf den Knien.

behalte gegen einen Besuch Deutschlands allmählich schwanden. Den Ausschlag gaben schließlich die repräsentativen Feiern, mit denen das kommunistische Ost- und das freie Westdeutschland im Jahre 1949 den 200. Geburtstags Goethes zu begehen gedachten. Als die Regierung der russisch besetzten Zone Thomas Mann ihren zum Jubiläum gestifteten „Goethe-Nationalpreis 1949" und die Ehrenbürgerschaft von Weimar antrug, nahm er an. Wenig später akzeptierte er auch die Auszeichnung aus dem Westen, den „Goethe-Preis der Stadt Frankfurt", und sagte auch hier sein Kommen zu.

Thomas Manns Europareise im Goethejahr 1949 wurde, alles in allem, ein außerordentlicher Erfolg. Erste Stationen (zwischen Mitte Mai und Anfang Juli) waren England, Schweden, Dänemark und die Schweiz – mit beifällig aufgenommenen Vorträgen und glanzvollen akademischen Ehrungen in Oxford, London, Uppsala, Stockholm, Kopenhagen, Lund, Zürich und Bern. Diesen offiziellen Terminen folgte ein kurzer Urlaub im Engadin. Dann erst brachen der Dichter und seine Frau nach Deutschland auf. Als sie am 23. Juli bei Basel im Zug über die Grenze rollten, taten sie es mit dem tiefsitzenden Unbehagen, das Thomas Mann zuvor in einem Brief artikuliert hatte: „Ich kann nicht umhin, das Wiedersehen nach diesen 16 Jahren der Entfremdung als ein gespenstisches Abenteuer und als eine rechte Prüfung zu empfinden."

Doch alle Befürchtungen erwiesen sich als unbegründet. Bei der Preisverleihung in der Frankfurter Paulskirche, für die sich der Dichter mit einer „Ansprache im Goethejahr 1949" bedankte, gab es nach eigenem Bekunden „trotz rüder Drohungen, die vorangegangen waren, ... nicht den leisesten Mißton". Im Gegenteil: „Die Herzlichkeit der Stimmung war vollkommen", und bei der Abfahrt riefen, wie er sich erinnerte, Hunderte „Auf Wiedersehen!" und sogar „Dableiben!".

Mit demonstrativer Hochachtung behandelte man den weltberühmten Laureaten auch in Weimar, wo er, nach dem eigentlichen Festakt im renovierten Nationaltheater, sich selbst amüsiert über die Schulter schaute, wie er „plötzlich in der Rolle des

Nationalhelden und Volksführers eine stationenreiche Triumphstraße trommelnder und jauchzender Popularität zurückzulegen" hatte. Denen im Westen, die ihn daraufhin tadelten: solche Auftritte im Osten seien „Verrat an der Freiheit" und bemäntelten „Gewalt und Rechtlosigkeit", hielt er, ein wenig blauäugig, entgegen: Er beklage die politische Zweiteilung Deutschlands und glaube, „daß man sie nicht vertiefen, sondern womöglich, sei es auch nur festlich-augenblicklicher Weise, überbrücken soll".

Die Reise durch fünf europäische Länder im Goethejahr 1949 bestätigte auf eindrucksvolle Weise Thomas Manns Ausnahmestellung. Doch ihr Glanz konnte nicht darüber hinwegtäuschen, daß sich der Lebenshorizont des 74jährigen allmählich verdüsterte. Schwere persönliche Verluste vertieften in diesen Jahren seine Einsamkeit. Schon vor Reiseantritt, am 21. April 1949, war in München sein jüngster Bruder Viktor gestorben. Einen Monat später, am 21. Mai, zwei Tage vor seinem ersten Auftritt in Schweden, nahm sich sein Sohn Klaus, verzweifelt über ein in Exzessen vertanes Dasein und zermürbt vom Morphium-Mißbrauch, in Cannes das Leben. Und sieben Monate nach seiner Rückkehr in die USA, am 12. März 1950, erlag im kalifornischen Santa Monica Heinrich, der letzte seiner vier Geschwister, einem Hirnschlag. „Meine Depression, genährt von all den ewigen Abschieden in einem Jahr", bekannte der Dichter damals verzweifelt in einem Brief, „läßt sich schwer beschreiben."

Zu diesen persönlichen Schicksalsschlägen kam seit dem offenen Ausbruch des Ost-West-Konflikts die schleichende politische Isolierung, die Thomas Mann zuerst erstaunt, dann verbittert spürte. Was „gute Amerikaner" ihm in diesem Zusammenhang verübelten, waren nicht nur seine zuweilen mißverständlichen Bekenntnisse zu einem nebulösen „Sozialismus" und „Kommunismus" (die mit den gleichlautenden ideologischen Begriffen nichts zu tun hatten), sondern auch die für viele allzu herablassende Attitüde, mit der er die kommunistische Gewaltherrschaft gelegentlich historisch relativierte. Auch der Besuch in Weimar stieß bei Hardlinern im Lande zunehmend auf Kritik. 1950 mußte wegen dieses Besuchs Thomas Manns alljährlicher Vortrag in der Washingtoner Kongreßbibliothek abgesagt werden.

Schwerer noch als eine solche Repressalie wogen Presseartikel, die ihn offen der Sympathie mit dem stalinistischen Osten beschuldigten. Als wirklich ernste Bedrohung aber empfand der unversehens in Bedrängnis Geratene die Bespitzelung, Vorladung und Maßregelung von verdächtigten Emigranten durch den „Kongreßausschuß für unamerikanische Umtriebe", der unter Leitung des berüchtigten Senators McCarthy nach dem Tode Präsident Roosevelts in den USA eine regelrechte Hexenjagd auf angebliche „Kommunisten" und ihre „Komplizen" veranstaltete. Ein Unterausschuß dieses Gremiums hatte Thomas Mann schon im Oktober 1947 als Zeugen befragt; eine neuerliche Vorladung könnte, so seine Befürchtung, ihm selbst gelten und unabsehbare Folgen für sein Ansehen und seine wirtschaftliche Existenz haben.

Thomas Mann beim Verlassen der Universität Oxford, die ihm während seiner Europareise im Goethejahr 1949 die Ehrendoktorwürde verliehen hatte. Neben dem Laureaten seine Tochter, „rechte Hand" und Beraterin Erika.

Deshalb war es nicht nur Nostalgie, sondern auch Vorsorge, als die Familie beschloß, bei einem neuerlichen Europabesuch ab Mai 1950 – nach Stationen in Stockholm, Lund und Paris – Thomas Manns 75. Geburtstag am 6. Juni in der Schweiz zu feiern. Es wurde ein Fest beglückten Wiedersehens und herzlicher Erinnerung. Nach einem autobiographischen Vortrag am Vorabend im Züricher Schauspielhaus begingen der Dichter und seine Frau den eigentlichen Geburtstag im Zunfthaus „Zur Saffran“ unter geladenen Freunden – schmausend, bei amüsanten Reden und unzähligen Trinksprüchen. Das war eine Art Vorentscheidung. „Der Gedanke an eine wiederholte Emigration spukt längst“, notierte der Gerührte sechs Wochen später, „und dieses Tagebuch kehrt gewissermaßen zu seinem Beginn, Arosa 1933, zurück.“
Nach der Rückkehr in die USA im August beendete Thomas Mann binnen zweier Monate den „Erwählten“, einen kleinen Roman nach einem mittelalterlichen Legendenstoff, den er im Anschluß an den „Doktor Faustus“ Anfang 1948 begonnen hatte. Dabei gingen seine Gedanken hinüber nach Europa: „Ich habe eine Art von irrationalem Grauen davor, in diesem Boden hier zu ‚ruhen‘, der nichts von mir weiß. Deutschland ist mir wildfremd geworden. Aber in der Schweiz, da würde ich gern meinen Stein haben.“
Den Ausschlag gaben schließlich drei besonders diffamierende Vorkommnisse: Ein Presseartikel vom März 1951, der Thomas Mann als „Amerikas Mitläufer (des Kommunismus) Nr. 1“ bezeichnete; die Aufnahme seines Namens in eine offizielle Liste angeblicher Kommunistenfreunde im April; und, im Juni, eine Hetzrede „seines“ kalifornischen Abgeordneten D. L. Jackson vor dem Kongreß. Danach war der Rest nur noch schmerzhafte Abwicklung, die allerdings von Zweifeln an der Richtigkeit des Entschlusses immer wieder hinausgezögert wurde. Aber schließlich, Ende Mai 1952, erhielt ein Makler Order zum Verkauf des Hauses. Im Monat darauf ließ Thomas Mann seine Tagebücher versiegelt im Banksafe einschließen – mit der Aufschrift: „Without literary value, but not to be opened by anybody before 20 years after my death“. Am 27. Juni 1952, knapp vierzehn Jahre nach ihrer Einwanderung, verließen er und Katia das Haus mit dem weiten Blick auf den Pazifik für immer. Drei Tage später landete ihr Flugzeug, von New York kommend, auf dem Flughafen von Zürich.

Weimar, 1. August 1949: Thomas Mann während der Feierlichkeiten zu Goethes 200. Geburtstag inmitten der handverlesenen Festgemeinde vor dem Weimarer Nationaltheater. Rechts neben ihm der Kultusminister der DDR, Johannes R. Becher.

Thomas Manns letzter großer Roman „Doktor Faustus“ entstand, unterbrochen durch eine bedrohliche Lungenkrebsoperation, zwischen 1943 und 1947 im neuen, eigenen Haus in Pacific Palisades. Der Dichter selbst hat ihn als sein „Lebens- und Geheimwerk“ bezeichnet. Tatsächlich enthält keiner seiner großen Texte so viele persönliche Bezüge und (verschlüsselte oder unverschlüsselte) Bekenntnisse wie der „Doktor Faustus“.

Hier abgebildet ist der Anfang vom Manuskript des 25. Kapitels. Dieser längste Abschnitt des vielschichtigen Buches, in dem diesmal nicht Serenus Zeitblom, der Erzähler, sondern die Titelfigur, der Komponist Adrian Leverkühn selbst, spricht, beschreibt den für das Werk zentralen Pakt des faustischen Künstlers mit dem Teufel. Dabei bekennt sich Leverkühn ausdrücklich, wenn auch schmerzlich-beklommen, zum Vorrang der Kunst vor dem Leben, vor der Nähe zu anderen Menschen, vor der Liebe. In diesem berühmten Dialog mit dem Teufel resümiert Thomas Mann auch die eigene Situation: Kühl und distanziert verleiht der Böse seinem Gegenüber höchste Gestaltungskraft („Bedrückende, beglückende, zweifellose … Inspiration“), doch der Preis dafür ist unerbittlich hoch: „Dein Leben soll kalt sein – darum darfst du keinen Menschen lieben“ – eine Kurzformel für die Lebenstragik des Autors selbst.

Die hier abgebildeten zwei Manuskriptseiten geben auch einen Einblick in die säuberliche, bedächtig-genaue Schreibweise des Dichters, wie sie seine Frau später beschrieben hat: „Thomas Mann schrieb sehr langsam. Aber was er schrieb, stand dann auch fest. Er änderte so gut wie gar nichts.“

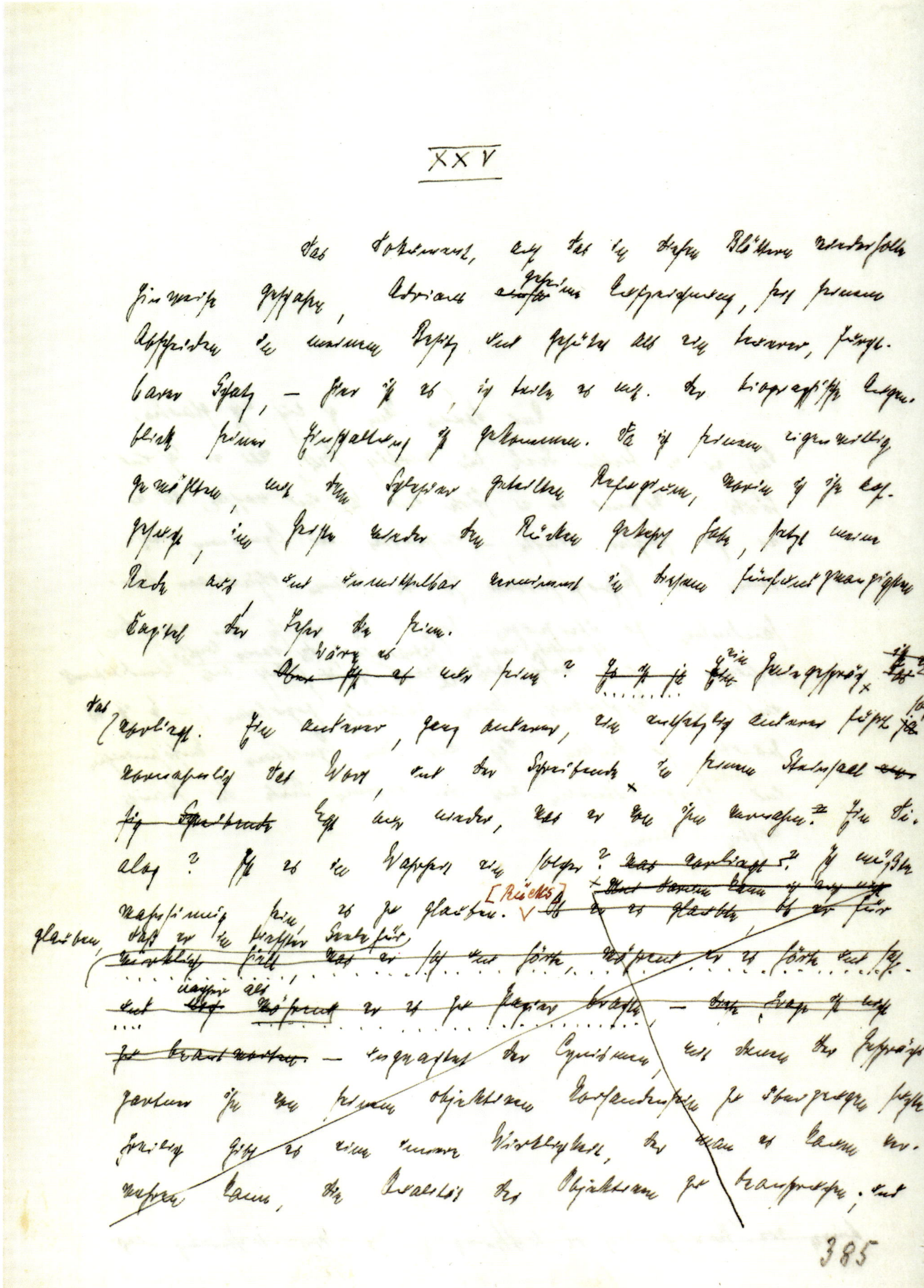

vielmehr halte ich ~~als Handgeschriebenes = Gegenständliches~~ das, was in seinem Kern Wahnwerk und Projektion unseres Geistes, ~~unserer Seele~~ unserer Seele ist. Zu diesen Dingen haben Seelenkunde und Psychologie der Jetztzeit ein Verhältnis, ja einen freundschaftlichen „Wie man es nimmt“, das der Vernunft ganz verzichtet auf das gröbste klare und eindeutige Urteil herangeht. Lieber mag das als ein Zwiegespräch und Gespräch, als ein begreiflicher Trübung des Erkenntnisses über die gleiche Vernunft erscheinen. Wie dem auch sei, bitte, das Zweideutige anzuerkennen zu müssen. Darnach muß ich es gestellt unserer Ungewißheit der Frage, ob das, was unten mir liegt, und was ich jetzt einrücke, ein Monolog oder ein Zwiegespräch ist.

Es versteht sich von selbst, daß ich Adrians Handschrift nicht dem Drucker zu überantworten gedachte. Mit eigenem ~~Feder~~ Kiel übertrage ich sie Wort für Wort von dem Notenpapier, das mit seiner ~~kleinen~~ stoffsparenden, früher charaktervollen, kleinen und altertümlichen ~~Schnörkelhaften~~ Rundschriftzügen, einer Mönchsschrift, möchte man sagen, bedeckt ist, in mein Manuskript. Des Notenpapiers hat er sich bedient, offenbar ~~...~~ weil ihm im Augenblick kein anderes zur Hand war, oder weil der Krämerladen drunten am Kirchplatz des hl. Agapitus ihm kein genormtes Schreibpapier bot. Es fallen immer zwei ~~...~~ Zeilen auf das obere System, Violinschlüssel und zwei auf das Baß-System; aber auch ~~...~~ der weiße Raum dazwischen ist durchweg mit je zwei Schriftzeilen ausgefüllt.

Nicht mit voller Bestimmtheit ist der Zeitpunkt der Niederschrift auszumachen, denn das Dokument weist kein Datum auf. Soll meine Überzeugung etwas gelten, so ist es ~~keinesfalls~~ nach unserem Besuch in dem Bergstädtchen oder während ~~...~~ unseres Aufenthalts dort verfaßt

In der Schweiz wurden die Wiedereinwanderer mit demonstrativer Bereitwilligkeit aufgenommen: Behörden und Ämter taten rasch, freundlich und unbürokratisch das Mögliche. Belustigt registrierte Thomas Mann auf seiner unbefristeten Aufenthaltsgenehmigung die amtliche Begründung: „Verbringung des Lebensabends und schriftstellerische Betätigung". Doch letztere war in der Anfangszeit schwierig, weil er und Katia, auf der Suche nach einer dauerhaften Bleibe, die ersten sechs Monate in Hotels verbringen mußten.

Erst im Spätherbst entdeckten Freunde vor den Toren Zürichs, in Erlenbach (Glärnischstraße 12) etwas scheinbar Geeignetes: ein zweigeschossiges Haus, freistehend, weiß und modern, das zur Vermietung anstand. Mitte Dezember zogen Katia und Thomas Mann, die beide von dem traumhaft schönen Blick auf den Zürichsee begeistert waren, dort ein. Doch das erwies sich schon bald als Mißgriff: Man wohnte zu eng aufeinander, die Zahl der Zimmer war zu gering, die Wände zu dünn, die Decken für die alten Bücherschränke zu niedrig, und für den Hausherrn gab es (aus seiner Sicht ein Ärgernis!) kein eigenes Badezimmer.

Das Wohnungemach verstärkte noch die düsteren Stimmungen, die ihn nun schon seit Jahren überkamen und die er minutiös im Tagebuch vermerkte: Es sei doch sehr die Frage, „ob meine Abgelebtheit, Lebensmüdigkeit, eigentliche Hoffnungslosigkeit all den Aufwand von Mühe für die Neuinstallierung noch lohnen". Trotzdem nahm er mit gewohnter Willensstärke die Arbeit gleich nach dem Einzug ins ungeliebte Erlenbacher Haus wieder auf.

Als erstes vollendete er hier die noch in Amerika begonnene Novelle „Die Betrogene", ein „problematisches Produkt" auch nach eigener Einschätzung: „vieler Rede nicht wert – was man eben mit 78 noch so zu bieten hat". Nach diesem Zwischenspiel wandte er sich, unter Anspannung aller Kräfte, dem letzten seiner großen Werke zu: dem Roman „Bekenntnisse des Hochstaplers Felix Krull". Der Stoff, eine moderne Schelmengeschichte, hatte ihn seit Münchener Tagen begleitet, war an verschiedenen Lebensstationen sporadisch wiederaufgenommen und in Teilstücken auch schon veröffentlicht worden. Nun sollte das Vorhandene noch einmal weitergeführt und, auf Drängen von Bermann-Fischer, zu einem vorläufigen Abschluß gebracht werden.

Im „Felix Krull" wird das (von Nietzsche entlehnte) Thema, das Thomas Mann ein Leben lang beschäftigte: der Gegensatz zwischen Künstlertum und bürgerlicher Welt, als Persiflage gestaltet. Seine Komik erhält das Sujet dadurch, daß in ihm die Titelfigur als ein besonderes Exemplar der Gattung Künstler auftritt – als Lebens-Künstler: Krull ist ein charmanter Parvenü, der, unter bedenkenlosem Einsatz seiner genialischen Täuschungs- und Verführungs-Kunst, unermüdlich an seinem (lebens-)künstlerischen Werk arbeitet. Dieses „Werk" ist die Welt des schönen Scheins: Wo immer der geschmeidige Felix in Aktion tritt – überall verbirgt er, um des besagten schönen Scheins willen, sein wirkliches Ich hinter Masken. Das macht ihn zum Hochstapler, der zwar in der von ihm ausgebeuteten bürgerlichen Welt lebt, tatsächlich aber außerhalb ihrer Normen existiert, mithin eine Sonderexistenz in innerer Isolation führt – so, wie es (nach Thomas Mann) auch der echte Künstler tut. Die köstlich frivole und amüsante Geschichte wird noch frivoler und amüsanter dadurch, daß Krull sein parasitäres Hochstaplerleben ganz selbstverständlich, ganz ohne schlechtes Gewissen lebt und daß seine Opfer glauben (oder vorgeblich glauben), das von ihm arrangierte Spiel werde nicht nach seinen, sondern nach ihren Spielregeln gespielt.

Naturgemäß fiel es dem von Depressionen und Versagensängsten gequälten Thomas Mann in seinem hohen Alter schwer, an das bereits vorhandene Material des Romans, den heiter-burlesken Stoff und die ironisch funkelnde Sprache, nahtlos wiederanzuknüpfen. Dabei gesellten sich zu den künstlerischen Problemen grundsätzliche Zweifel: „Hat meine Isoliertheit genug Menschen-Erlebnis aufgefangen, daß es zu einem gesellschaftssatirischen Schelmenroman reicht?" Das Ergebnis der angespannten Monate bis zum Abschluß des Manuskripts im Frühjahr 1954 überzeugte auch den Dichter selbst nicht wirklich. Doch als die „Bekenntnisse des Hochstaplers Felix Krull" im Oktober 1954 erschienen, waren vor allem die Leser entzückt – ein Triumph, den er mit leisem Unbehagen genoß.

Nachdem man ihn in den USA jahrelang als Kommunistenfreund angefeindet hatte, entschloß sich Thomas Mann, seinen Lebensabend in der Schweiz zu verbringen. Das Foto zeigt ihn und Katia Mann bei der Ankunft am 30. Juni 1952 auf dem Züricher Flughafen in Kloten. Links sein Schweizer Verleger Emil Oprecht.

Mittlerweile war es Katia gelungen, auch das leidige Wohnungsproblem zu lösen. Schon im Januar 1954 hatte sie eine Seevilla im nahen Kilchberg besichtigt, die in Größe und Zuschnitt auch den Vorstellungen ihres Mannes entsprach. Nur einen Monat später wurde der Kaufvertrag geschlossen. Ende März kamen die Möbelpacker. Am 15. April zog, als letzter, der Hausherr ein, der vor dem Umzugstrubel ins Hotel geflüchtet war.
Die Kilchberger Villa (Alte Landstraße 39) glich in manchem der Münchener Residenz in der Poschingerstraße. Doch die Lage war ungleich imposanter. Aus den Fenstern und von den Terrassen bot sich den Bewohnern ein prachtvoller Blick über das glitzernde Wasser auf die Silhouette Zürichs und hinüber auf die „türmende Ferne" der Alpen. Den Lebensgewohnheiten Thomas Manns kam auch das Umfeld des Hauses entgegen: „Nur 10 Minuten braucht man mit dem Wagen zur Stadt und ist andererseits gleich auf dem Lande, bei den Kühen und im Walde." Zum Arbeitszimmer wurde der größte und schönste Raum im Parterre bestimmt: nach der Beschreibung eines Ortskundigen „weniger cella und Studierstube denn fürstliche Loge".
Hier, in der weiträumig-heiteren Stille über dem See, bereitete sich Thomas Mann mit gewohnter Umsicht auf das für ihn wichtigste Datum der kommenden Monate vor: den 150. Todestag Schillers am 9. Mai 1955. Wie schon im Goethejahr 1949, so waren auch diesmal wieder beide Deutschland, die Bundesrepublik im Westen wie die Deutsche Demokratische Republik im Osten, mit der Bitte an ihn herangetreten, diesseits und jenseits des „Eisernen Vorhangs" die Festreden zu halten. Das hatte er zugesagt – ausdrücklich „im Einvernehmen mit den westlichen Instanzen", wie er in einem Brief betonte.

Als Grundlage für den einstündigen Vortrag entstand zunächst eine umfängliche Studie: „Versuch über Schiller. Zum 150. Todestag des deutschen Dichters – Seinem Andenken in Liebe gewidmet". Es ist die letzte von vielen Würdigungen, die Thomas Mann den Großen der Literatur im Laufe seines Lebens gewidmet hatte; und es ist eine der eindrucksvollsten: kompetent, abgewogen, voller tiefer Einsichten in die Zusammenhänge, mit vielen Zitaten belegt, dabei, wie in einem Brief angekündigt: „leicht, persönlich, herzlich" – ein essayistisches Glanzstück.
Die Festrede entstand, in mehreren Stufen, als Auszug aus diesem Meisterwerk. Sein erster Auftritt damit bei der „Gedenkfeier der Deutschen Schillergesellschaft" am Sonntag, dem 8. Mai, im Großen Haus des Stuttgarter Landestheaters war ein hochoffizielles, glänzendes, von Musik umrahmtes Ereignis, das vom Rundfunk in den gesamten deutschsprachigen Raum übertragen wurde. Eintrittskarten hatte es nur für Mitglieder und Ehrengäste gegeben. Als Thomas Mann seinen Vortrag geendet hatte, erhob sich das Auditorium spontan und spendete minutenlang stürmischen Beifall. Danach rundete Bundespräsident Theodor Heuss die gelungene Feier mit klugen, warmherzigen Worten ab.
Zum Triumph wurde für den Dichter auch die ostdeutsche Schiller-Ehrung – zu einem Triumph mit leicht komischen Akzenten. Mokant vermerkte der Lübecker Senatorensohn im Tagebuch das kleinbürgerlich-beflissene Arrangement der Anreise am 13. Mai: „Weiterfahrt nach Weimar, triumphal, der große Deutsche, in den Dörfern Transparente, Kinder mit ihren Lehrern, Blumen über Blumen." Nicht ganz stilsicher präsentierte sich auch der Rahmen seines Auftritts am 14. Mai im Weimarer Nationaltheater: auf der Bühne ein Pflanzen- und Blumenwald wie bei einer Beerdigung, das Rednerpult zu hoch, über ihm – bedrohlich – ein bombastisches Schiller-Medaillon. Doch der Beifall war überaus herzlich, die Freude der Menschen draußen auf dem Platz echt, und die Verleihung der Ehrendoktorwürde der Universität Jena am 15. Mai im Weimarer Schloß verlief niveau- und würdevoll.
Letzte Station von Thomas Manns Deutschlandreise im Schillerjahr 1955 war die Vaterstadt Lübeck. Der Senat, dessen Einladung der Dichter folgte, empfing ihn, wie er wohlwollend vermerkte, mit größter Aufmerksamkeit: „Viel Ehre, Devotion und Freundlichkeit. Allezeit durchaus fürstliche Behandlung." Am 20. Mai erhielt er im Audienzsaal des Senats die Ehrenbürgerwürde, für die er, nachdem er seines Vaters gedacht hatte, bewegt Dank sagte: „Das ist ein großer und rührender Augenblick meines zur Rüste gehenden Lebens. Mein Herz ist voll Dank. Glück und Wohlfahrt unserer Stadt!" Die folgenden drei Tage waren ausgefüllt mit Lesungen, Besichtigungen und Treffen aller Art. Schweigend stand der Dichter vor den zer-

Thomas Mann am 20. August 1954 auf der Terrasse seiner Villa in Kilchberg. Von hier, wie auch aus den Wohn- und Arbeitsräumen im Parterre und 1. Stock, hatten die Bewohner des Hauses, über den steil abfallenden Garten hinweg, einen traumhaften Blick auf den Zürichsee.

Weimar, 14. Mai 1955: Der 79jährige Thomas Mann auf der Bühne des Nationaltheaters während seines Festvortrages bei der offiziellen Schiller-Gedenkfeier der DDR.

trümmerten Glocken der Marienkirche, die im Feuersturm einer Bombennacht aus ihrer Glockenstube im Turm in die Kapelle rechts vom Hauptportal gestürzt waren. Schweigend stand er auch vor der ausgebrannten Fassade des ansonsten zerstörten „Buddenbrook"-Hauses, in dem er als Knabe so viele glückliche Stunden verbracht hatte.

Bei der Rückkehr nach Kilchberg am 25. Mai stand das nächste Fest unmittelbar bevor: der 80. Geburtstag am 6. Juni. Ihm voraus gingen nicht enden wollende öffentliche Ehrungen. Sie begannen schon am 4. Juni mit einem Festfrühstück der Stadt Zürich und wurden fortgesetzt mit einer abendlichen Feier im Kilchberger Conrad-Ferdinand-Meyer-Haus, an der auch der Schweizer Bundespräsident Petitpierre teilnahm. Die Ehrung hier gipfelte in der Ernennung des Dichters Thomas Mann zum „Doktor der Naturwissenschaften ehrenhalber" durch den Rektor der Eidgenössischen Technischen Hochschule Zürich. Am nächsten Abend veranstaltet das Züricher Schauspielhaus eine Lesung aus seinen Werken, die er selbst mit einer kurzen Rede und einer Passage aus dem „Felix Krull" beschloß. Danach feierte man noch bis in die Nacht im Zunfthaus „Zum Rüden". Während der Jubilar am folgenden, dem eigentlichen Geburtstag, in seinem Haus weitere Gratulanten empfing, lieferten Postboten Berge von Briefen, Manuskripten, Kundgebungen und Geschenken aus aller Welt ab – insgesamt weit über tausend. Den Abend verbrachte man im kleineren Kreis bei Freunden. Danach, als wieder Stille – und Einsamkeit – eingekehrt waren, dachte der Jubilar an den verklungenen Lärm und an das verbliebene Chaos im Haus und auf seinem Schreibtisch mit zwiespältigen Gefühlen zurück: Nach dieser Orgie öffentlicher Zuwendung sei ihm zumute, als befinde sich sein Leben „in einer Art von solemner Auflösung".

Die Ordnung wurde notdürftig wiederhergestellt. Dann trat das strapazierte Ehepaar Mann seine letzte gemeinsame Reise nach Holland an, wo der Dichter in Amsterdam noch einmal den „Versuch über Schiller" vortrug, das Ordenskreuz von Oranje-Nassau erhielt und am 11. Juli von Königin Juliane in ihrem Sommerschloß Soest-

dijk empfangen wurde. Die folgenden Wochen im Seebad Noordwijk sollten allein der Erholung dienen.
Hier in Noordwijk, bei einem Spaziergang durch die Dünen, spürte Thomas Mann zum ersten Mal einen ziehenden Schmerz im linken Bein, der nicht weichen wollte. Statt dessen schwoll das Bein auf doppelte Dicke an. Ein wenig unsicher, sprachen die Ärzte von einer Venenentzündung, auch von Thrombose, und empfahlen den Rückflug in die Schweiz zur Weiterbehandlung in einer Klinik. Am 23. Juli wurde der Kranke ins Züricher Kantonsspital eingeliefert. Dort besserte sich der Zustand des Beins, wenn auch nur langsam. Dann aber, Anfang August, überkam den meist Bettlägerigen eine allgemeine und zunehmende Mattigkeit, die den Ärzten Rätsel aufgab. Kleine Ohnmachten stellten sich ein. Schließlich sank der Blutdruck unaufhaltsam, zuletzt ins Unmeßbare. In der Nacht zum 12. August 1955 dämmerte Thomas Mann ein – ohne Schmerzen; gegen acht Uhr abends verlosch er. Die Obduktion, von den Ärzten wegen der unsicheren Diagnose vorgeschlagen, ergab die wahre Ursache des eigenartigen Krankheitsbildes: eine extreme Verkalkung aller Gefäße (ausgenommen die des Gehirns), die zu diffusen Einblutungen und, am Ende, zum Versagen des Kreislaufs geführt hatte.

Nachdem seine Vaterstadt Lübeck ihm am 20. Mai 1955 die Ehrenbürgerschaft verliehen hatte, besuchte Thomas Mann sechs Tage später die Stätte seiner Taufe, die Marienkirche, mit ihren im Krieg herabgestürzten, am Boden zerschellten Glocken.

Die Beerdigung fand, wie Thomas Mann es gewollt hatte, auf dem Friedhof von Kilchberg statt. Bei der Trauerfeier in der viel zu kleinen Kirche des Städtchens registrierten Beobachter einige Merkwürdigkeiten: Unter den Trauergästen vermißte man Abgesandte der Schweizerischen und deutschen Bundesregierung. Auch die westdeutschen Akademien hatten keine Repräsentanten geschickt. Gekommen waren dagegen der Kultusminister der DDR und der Rektor der Schiller-Universität Jena im violetten Ornat mit goldener Amtskette. Die Kränze, die sie mitführten, waren so groß, daß sie nicht durch die Kirchenportale paßten und draußen abgelegt werden mußten. Von den anwesenden Schriftstellern deutscher Sprache waren Max Frisch und Werner Bergengruen die namhaftesten.
Der evangelische Pfarrer von Kilchberg stellte seine als nüchtern empfundene Predigt unter das Motto des 90. Psalms: „Unser Leben währet siebzig Jahre, und wenn's hoch kommt, so sind's achtzig Jahre, und wenn's köstlich gewesen ist, dann ist's Mühe und Arbeit gewesen“. Die weltliche Trauerrede hielt, schnörkellos und herzlich, Richard Schweizer, ein langjähriger Freund der Familie. Danach zog die Trauergemeinde durch den sommerlich leuchtenden Friedhof zum Ehrengrab, das der Kilchberger Gemeinderat seinem berühmten Gast spontan zugesprochen hatte. Ein kurzes Gebet beschloß die bewußt karge protestantische Totenfeier. Noch vor Jahresende wurde der schlichte Grabstein aus Tessiner Granit gesetzt; darauf nur der Name des Verstorbenen und die Grenzdaten seines Lebens:

THOMAS MANN
MDCCCLXXV
MCMLV

Für einen kurzen Augenblick hielt die literarische Welt den Atem an, und mancher mag, in die Stille hinein, empfunden haben, was Gottfried Benn kurz nach der Beerdigung des Dichters an eine Bekannte schrieb: „Nun ist der große Thomas tot, er schwebte ja seit Jahrzehnten als großer alter Erzengel über uns allen, die wir ja zum größten Teil Putten und Amoretten geblieben sind.“

Thomas und Katia Mann im Mai 1955 vor dem im Krieg zerstörten „Buddenbrookhaus“, von dem nur noch die ausgebrannte Fassade steht. Hier, im Hause der Großeltern, hatte der Dichter in seiner Jugend viele glückliche Stunden verbracht.

Thomas Manns letztes Haus in Kilchberg am Zürichsee. Der Dichter kaufte die an einer steilen Böschung gelegene Villa, die in manchem der Münchener Villa in der Poschingerstraße ähnelte, im Januar 1954, nachdem er anderthalb Jahre zuvor aus den USA in die Schweiz zurückgekehrt war. Hier, wo man aus Fenstern und von Terrassen einen herrlichen Fernblick übers Wasser auf Zürich, das gegenüberliegende Ufer und die „türmende Ferne" dahinter hatte, gedachte der 78jährige seine letzten Jahre zu verbringen: „Nach soviel Wanderung und Wechsel, die das Leben mit sich brachte, soll es meine definitiv letzte Adresse sein."
Hier, im Kilchberger Haus an der Alten Landstraße 39, hat Thomas Mann nur noch gut ein Jahr gelebt. Nach kurzer, nicht qualvoller Krankheit starb er im Züricher Kantonsspital am 12. August 1955 im Alter von 80 Jahren.

Das Grab Thomas und Katia Manns auf dem Friedhof von Kilchberg.

Ausdrücklich hatte der Dichter bestimmt, er wolle ohne Pomp und Staatsakt beerdigt werden. Dem darauf gegründeten Wunsch der Familie, ihn auf dem Gemeindefriedhof in Kilchberg beizusetzen, entsprach der Gemeinderat mit einem weiteren, einstimmigen Votum: Obwohl kein Schweizer, solle der berühmte Dichter am Orte ein Ehrengrab erhalten, das die Gemeinde für alle Zeiten erhalten werde. Noch im Dezember setzte man dem Toten den Grabstein: einen grauen Steinquader aus Tessiner Granit, auf den nur sein Name, das Geburts- und das Todesjahr eingemeißelt sind:

THOMAS MANN
MDCCCLXXV
MCMLV

Darunter, seit 1980, Name, Geburts- und Todesjahr Katia Manns, die ihren Gatten um 25 Jahre überlebte, und daneben, in der Erde, die Grabplatten von dreien ihrer sechs Kinder: Erika Mann († 1969), Michael Mann († 1977) und Monika Mann († 1992). Das separate Grab von Golo Mann († 1994) liegt etwas abseits.

1869: Thomas Manns Vater, Thomas Johann *Heinrich* Mann (geb. 1840), Inhaber der 1790 gegründeten Lübecker Getreidegroßhandlung Johann Siegmund Mann, heiratet Julia da Silva-Bruhns (geb. 1851).
1871: Geburt des älteren Bruders Luiz *Heinrich* Mann (27. März).
1872: Umzug der Familie Mann aus der Mietwohnung Breite Straße 54 ins eigene Stadthaus Breite Straße 38.
1875: Geburt Paul *Thomas* Manns (6. Juni).
1877: Thomas Manns Vater wird in den Lübecker Senat gewählt.
Geburt der Schwester *Julia* Elisabeth Therese (Lula) (13. August).
1881: Geburt der Schwester *Carla* Augusta Olga Maria (23. September).
1883: Umzug der Familie Mann ins neugebaute Stadthaus in der Beckergrube 52.
1889: Thomas Mann tritt in den Realschulzweig des Katharineums in Lübeck ein.
1890: Geburt des jüngsten Bruders Carl *Viktor* (12. April).
100-Jahr-Feier der Firma Johann Siegmund Mann (25. Mai).
1891: Tod des Vaters (13. Oktober). Liquidation der Firma und Verkauf der gewerblichen Grundstücke.
1892: Nach dem Tod ihres Mannes und dem Verkauf des Firmenvermögens verkauft Thomas Manns Mutter auch das große Wohnhaus in der Beckergrube 52 und zieht mit ihren drei Jüngsten in das kleinere Haus Roeckstraße 7 vor dem Burgtor.
1893: Zusammen mit einem Schulfreund gibt Thomas Mann (unter dem Pseudonym Paul Thomas) die kurzlebige Zeitschrift „Frühlingssturm. Monatsschrift für Kunst, Litteratur und Philosophie" heraus.
Übersiedlung der Mutter mit ihren drei jüngsten Kindern nach München, Rambergstraße 2 (Juli). Dieweil bleibt Thomas Mann bis zum vorgesehenen Schulabschluß in Lübeck.
1894: Nach dem Schulabgang von der Untersekunda des Katharineums mit dem „Einjährigen" folgt Thomas Mann der Familie nach München (Ende März).
Antritt als Volontär bei einer Münchener Feuerversicherungsgesellschaft (1. April).
Veröffentlichung der ersten Novelle („Gefallen") in einer Leipziger Zeitschrift (Oktober).

1895: Thomas Mann gibt die kaufmännische Volontärstelle auf. Fortan besucht er, als Vorbereitung auf den angestrebten Journalistenberuf, Vorlesungen an Münchener Hochschulen (bis 1896).
Erste Italienreise zum dort lebenden Bruder Heinrich (Juli). Aufenthalt in Rom und Palestrina. Rückkehr nach München (Ende Oktober).
1896: Zweite Italienreise (Oktober). Aufenthalt in Rom. Beginn der Arbeit an der Novelle „Der kleine Herr Friedemann".
1897: Das Erscheinen der Novelle „Der kleine Herr Friedemann" in der Mai-Nummer von S. Fischers „Neuer Deutscher Rundschau" veranlaßt den Verlag, Thomas Mann eine Novellensammlung anzutragen, und den Verleger selbst, ihm ein „größeres Prosawerk" vorzuschlagen. Aufgrund dieses Vorschlags: in Palestrina Vorarbeiten für die „Buddenbrooks". Beginn der Niederschrift in Rom (Oktober).
1898: Rückkehr nach München (April). Eigene Wohnungen im Künstlerviertel Schwabing („Schwabinger Verstecke").
Bei S. Fischer erscheint (im Mai) Thomas Manns erstes Buch: die Novellensammlung „Der kleine Herr Friedemann. Sechs Novellen" (Inhalt: Der kleine Herr Friedemann. Der Tod. Der Wille zum Glück. Enttäuschung. Der Bajazzo. Tobias Mindernickel).
Weiterarbeit an den „Buddenbrooks".
Gegen Jahresende Eintritt in die Redaktion des „Simplicissimus" (bis September 1900).
1900: Abschluß der „Buddenbrooks" (18. Juli).
Einberufung als Infanterist (Oktober). Entlassung nach 2½ Monaten wegen Dienstuntauglichkeit.
Die Schwester Julia heiratet den Münchener Bankier Josef Löhr (9. Oktober).
1901: Bei S. Fischer erscheint Thomas Manns erster Roman: „Buddenbrooks. Verfall einer Familie" (2 Bände).
1902: Die Ende des Jahres erschienene Ausgabe der „Buddenbrooks" in einem Band wird ein unerwarteter Verkaufserfolg und macht den hoffnungsvollen jungen Autor rasch berühmt.

1903: In der „Neuen Deutschen Rundschau" erscheint die Künstlernovelle „Tonio Kröger" (Februar). Die Novelle ist auch Bestandteil von Thomas Manns zweiter Novellensammlung, die der S. Fischer Verlag unter dem Titel „Tristan. Sechs Novellen" noch im selben Jahr veröffentlicht (Inhalt: Der Weg zum Friedhof. Tristan. Der Kleiderschrank. Luischen. Gladius Dei. Tonio Kröger).
Beginn der Arbeit am Drama „Fiorenza".
Beginn der Werbung um Katharina (Katia) Pringsheim (seit August).
1904: Verlobung mit Katia Pringsheim (3. Oktober).
Beginn der Arbeit am Roman „Königliche Hoheit".
1905: Hochzeit mit Katia Pringsheim (11. Februar).
Erste Wohnung in der Franz-Joseph-Straße 2, wo Thomas Mann das für ihn charakteristische ruhig-disziplinierte Schriftstellerleben beginnt, das er bis zum Tode beibehalten wird.
Geburt des ersten Kindes: *Erika* Julia Hedwig (9. November).
1906: Bei S. Fischer erscheint die Buchausgabe des Dramas „Fiorenza".
Geburt des zweiten Kindes: *Klaus* Heinrich Thomas (18. November).
1907: Uraufführung des Dramas „Fiorenza" im Frankfurter Schauspielhaus (11. Mai).
1908: Die Familie Mann baut sich in Tölz eine Sommervilla.
1909: Bei S. Fischer erscheint Thomas Manns zweiter Roman: „Königliche Hoheit".
Geburt des dritten Kindes: Angelus Gottfried Thomas (*Golo*) (27. März).

Der junge Thomas Mann um 1894, zu der Zeit, als er – nach dem „Einjährigen" – das Gymnasium und die Vaterstadt Lübeck verließ, um der Mutter und den Geschwistern nach München zu folgen.

1910: Beginn der Niederschrift des Romans „Bekenntnisse des Hochstaplers Felix Krull" (unterbrochen 1911, Teilveröffentlichungen: 1911 [„Bruchstück aus einem Roman"]; 1919 [„Schulkrankheit. Bruchstück aus dem unvollendeten Roman ‚Bekenntnisse des Hochstaplers Felix Krull'"] und 1922 [„Bekenntnisse des Hochstaplers Felix Krull. Buch der Kindheit"], wiederaufgenommen 1951, abgeschlossen 1954).
Geburt des vierten Kindes: *Monika* (7. Juni).
Freitod der Schwester Carla in Polling (30. Juli).
Umzug der Familie aus der Franz-Joseph-Straße 2 in die Mauerkircher Straße 13.
1911: Während des Urlaubs auf dem Lido in Venedig (im Mai): Erlebnisse, aus denen Thomas Mann die Novelle „Der Tod in Venedig" gestaltet.
1912: Kuraufenthalt der angeblich tuberkulosekranken Katia in Davos (März–September). Dort, beim Besuch Thomas Manns (im Mai), Idee zum „Zauberberg".
Die Novelle „Der Tod in Venedig" erscheint in der „Neuen Deutschen Rundschau" (Oktober/November) und kurz darauf, als limitierte Luxusausgabe, im Münchener Hyperion-Verlag (unlimitierte Auflage im folgenden Jahr bei S. Fischer).
1913: Beginn der Arbeit am „Zauberberg" (unterbrochen bei Ausbruch des 1. Weltkriegs, wiederaufgenommen im April 1919, abgeschlossen im September 1924).
1914: Einzug der Familie Mann in die neugebaute Münchener Villa Poschingerstraße 1 (Wohnsitz bis zur Emigration im Februar 1933).
1915: Bei S. Fischer erscheint Thomas Manns Kriegsessay „Friedrich und die große Koalition. Ein Abriß für den Tag und die Stunde" (Januar).
Beginn der Arbeit an den „Betrachtungen eines Unpolitischen".
Heinrich Manns Angriff auf den konservativen und kriegsbegeisterten Thomas in seinem Essay „Zola" (erschienen im November in René Schickeles „Weißen Blättern") führt zum langanhaltenden Zerwürfnis der ohnehin rivalisierenden Brüder (bis 1922).
1917: Thomas Mann verkauft die Ferienvilla in Tölz.
1918: Geburt des fünften Kindes: *Elisabeth* Veronika (Medi) (24. April).
Bei S. Fischer erscheinen die „Betrachtungen eines Unpolitischen" (Oktober).

1919: Bei S. Fischer erscheinen die Idylle „Herr und Hund" und die Versdichtung „Gesang vom Kindchen".
Geburt des sechsten und letzten Kindes: *Michael* Thomas (Bibi) (21. April).
Im Hinblick auf die „Betrachtungen eines Unpolitischen" verleiht die Universität Bonn Thomas Mann die Ehrendoktorwürde (3. August).
1921: Vortrag auf der „Nordischen Woche" in Lübeck: „Goethe und Tolstoi" (September).
1922: Versöhnung mit dem Bruder Heinrich an dessen Krankenbett (Januar).
Im Wiener Rikola-Verlag erscheint das Fragment „Bekenntnisse des Hochstaplers Felix Krull. Buch der Kindheit".
Rede im Berliner Beethovensaal: „Von Deutscher Republik" (15. Oktober).
1923: Tod der Mutter in Wessling b. München (11. März).
1924: Bei S. Fischer erscheint Thomas Manns 1913 begonnener und im September abgeschlossener Roman „Der Zauberberg" in 2 Bänden (November).
1925: Mittelmeerkreuzfahrt und erster Besuch Ägyptens als Vorbereitung auf die seit 1923 konzipierte Josephs-Novelle (März).
Festakt zum 50. Geburtstag im Münchener Alten Rathaus. Zum Geburtstag erscheint bei S. Fischer der erste Band der zehnbändigen Werkausgabe.
1926: Bei S. Fischer erscheint die Novelle „Unordnung und frühes Leid".
Beginn der Arbeit an der Romantetralogie „Joseph und seine Brüder".
Mitglied bei der Gründung der „Sektion für Dichtkunst" der Preußischen Akademie der Künste (Oktober).
1927: Freitod der Schwester Julia, verwitwete Löhr, in München (10. Mai).
1929: Thomas Mann erhält den Nobelpreis für Literatur (10. Dezember).
1930: Zweite Reise nach Ägypten und Weiterreise nach Palästina (Februar/März).
Bei S. Fischer erscheint die Novelle „Mario und der Zauberer".
Erster Sommerurlaub im neuerbauten Ferienhaus in Nidden auf der Kurischen Nehrung.
In seiner Aufsehenerregenden Berliner Rede „Deutsche Ansprache. Ein Appell an die Vernunft" fordert Thomas Mann einen Pakt zwischen Bürgertum und Sozialdemokratie (7. Oktober).
1932: Reden im 100. Todesjahr Goethes („Goethe als Repräsentant des bürgerlichen Zeitalters").
Aufsehenerregende Rede gegen den Nationalsozialismus vor Arbeitern in Wien (2. Oktober).
1933: Thomas Mann verläßt Deutschland, um den am Vortag gehaltenen Vortrag zum 50. Todestag Richard Wagners („Leiden und Größe Richard Wagners") in Amsterdam, Brüssel und Paris zu wiederholen (11. Februar). Die Abreise wird, ungewollt, zum Anfang der Emigration. Bald darauf beginnen die Nazis mit der Beschlagnahme von Geld, Sachwerten und Grundbesitz. Nach einem unruhigen „Wander- und Hotelleben von vielen Wochen" (in Arosa, Lugano und Bandol): vorläufiger Wohnsitz in Sanary-sur-Mer bei Bandol (12. Juni).
„Schutzhaft"-Befehl der Geheimen Staatspolizei (23. Juni).
Niederlassung in Küsnacht am Zürichsee, Schiedhaldenstraße 33 (27. September).
Bei S. Fischer in Berlin erscheint der erste Band der Romantetralogie „Joseph und seine Brüder": „Die Geschichten Jaakobs" (Oktober).
1934: Bei S. Fischer in Berlin erscheint der zweite Band der Romantetralogie „Joseph und seine Brüder": „Der junge Joseph" (März).
Erste Besuchsreise in die USA (Juni).

Thomas Mann wenige Monate nach der Einwanderung in die USA vor seinem Haus in Princeton (1939).

1936: Thomas Mann unterbricht die Arbeit an den Josephsromanen und beginnt mit der Niederschrift des Goetheromans „Lotte in Weimar".
Auf Betreiben von Präsident Beneš erhalten Thomas und Katia Mann die tschechische Staatsangehörigkeit (19. November).
Thomas und Katia Mann werden als „Volksschädlinge" aus dem Deutschen Reich ausgebürgert (2. Dezember).
Aberkennung der Ehrendoktorwürde der Universität Bonn (19. Dezember). Der offene Antwortbrief Thomas Manns besiegelt den Bruch mit Hitlerdeutschland.
Bei Bermann-Fischer in Wien erscheint der dritte Band der Romantetralogie „Joseph und seine Brüder": „Joseph in Ägypten".
1938: Reise durch 15 Städte der USA mit dem Vortrag „Der kommende Sieg der Demokratie" (Mai/Juni).
Thomas Mann verläßt die Schweiz und übersiedelt in die USA (Ankunft in New York am 25. September).
Lehrauftrag als „Lecturer in the Humanities" an der Universität Princeton (New Jersey).
Ehrendoktorwürde der Universitäten Columbia und Yale.
1939: Ehrendoktorwürde der Universitäten Rutgers, Princeton und Dubuque.
Bei Bermann-Fischer in Stockholm erscheint der Goetheroman „Lotte in Weimar".
Der Ausbruch des Zweiten Weltkriegs (am 1. September) zwingt Thomas Mann zur überstürzten Rückkehr von einer Europareise in die USA.
1940: Beginn der bis Kriegsende fortgesetzten monatlichen Ansprachen in der BBC London: „Deutsche Hörer!" (31. Oktober).

1941: Im Frühjahr ziehen Thomas und Katia Mann von Princeton (New Jersey) nach Pacific Palisades (Kalifornien).
1942: Umzug ins neugebaute eigene Haus, San Remo Drive 1550, Pacific Palisades (Wohnsitz von Februar 1942 bis Juni 1952).
Die Kongreßbibliothek in Washington bestellt Thomas Mann zum „Consultant in Germanic Literature".
1943: Bei Bermann-Fischer in Stockholm erscheint der vierte und letzte Teil der Romantetralogie „Joseph und seine Brüder": „Joseph der Ernährer".
Beginn der Arbeit am Roman „Doktor Faustus" (23. Mai).
1944: Thomas und Katia Mann erhalten die Staatsbürgerschaft der USA (23. Juni).
1945: Vortrag in der Kongreßbibliothek Washington: „Deutschland und die Deutschen" (25. Juni).
1946: Lungenkrebsoperation in Chicago (24. April).
1947: Abschluß des Romans „Doktor Faustus. Das Leben des deutschen Tonsetzers Adrian Leverkühn, erzählt von einem Freunde" (29. Januar). Das Buch erscheint im Oktober bei Bermann-Fischer in New York und Stockholm.
Erste Europareise nach dem Krieg mit Besuchen in England, der Schweiz und Holland (10. Mai–29. August). Dabei Vortrag „Nietzsches Philosophie im Lichte unserer Erfahrung" an verschiedenen Orten.
1948: Beginn der Arbeit am Roman „Der Erwählte".
1949: Tod des jüngsten Bruders Viktor in München (21. April).
Im 200. Geburtsjahr Goethes: zweite Europareise nach Kriegsende (Mai–August) mit Vortragsstationen in England, Schweden, Dänemark, der Schweiz und – erstmals – Deutschland.
Freitod des Sohnes Klaus in Cannes (21. Mai).
„Ansprache im Goethejahr" in der Frankfurter Paulskirche (25. Juli) und im Weimarer Nationaltheater (1. August).
Bermann-Fischer und der Querido Verlag veröffentlichen in Amsterdam „Die Entstehung des Doktor Faustus. Roman eines Romans".
1950: Heinrich Mann stirbt im kalifornischen Santa Monica (12. März).
Dritte Europareise nach Kriegsende (Mai–August) mit Vortragsstationen in Schweden, Frankreich und der Schweiz. Dort offizielle Feier des 75. Geburtstags im Zunfthaus Zürich (6. Juni).
1951: Wiederaufnahme der Arbeit am Roman „Bekenntnisse des Hochstaplers Felix Krull" (Januar).
Bei S. Fischer in New York und Frankfurt erscheint der Roman „Der Erwählte".
1952: Rückkehr nach Europa (Ankunft in Zürich am 30. Juni). Niederlassung in Erlenbach am Zürichsee, Glärnischstraße 12. Seitdem jährliche Besuche in Deutschland.
1954: Umzug von Erlenbach ins eigene Haus nach Kilchberg am Zürichsee, Alte Landstraße 39 (März/April).
Bei S. Fischer in New York und Frankfurt erscheinen die „Bekenntnisse des Hochstaplers Felix Krull. Der Memoiren erster Teil" (Oktober).
1955: Gedenkrede zum 150. Todestag Schillers in Stuttgart (8. Mai) und Weimar (14. Mai) (der zugrundeliegende Essay erscheint im selben Jahr unter dem Titel „Versuch über Schiller. Zum 150. Todestag des deutschen Dichters – Seinem Andenken in Liebe gewidmet").
Ehrenbürgerschaft der Vaterstadt Lübeck (20. Mai).
Feierlichkeiten zum 80. Geburtstag in Kilchberg und Zürich (4.–6. Juni).
Erkrankung an den Folgen einer generalisierten Arteriosklerose des Gefäßsystems.
Tod im Kantonsspital Zürich (12. August).
Beerdigung auf dem Friedhof von Kilchberg (16. August).

Das Grab Thomas und Katia Manns auf dem Friedhof von Kilchberg (Schweiz).

1. Der kleine Herr Friedemann. Novellen. S. Fischer, Berlin 1898
2. Buddenbrooks. Verfall einer Familie. Roman. S. Fischer, Berlin 1901 (2 Bde.)
3. Tristan. Sechs Novellen. S. Fischer, Berlin 1903
4. Fiorenza. Drama. S. Fischer, Berlin 1906 (Uraufführung am 11. 5. 1907 in Frankfurt a. M.)
5. Bilse und ich. E. W. Bonsels, München 1906
6. Der kleine Herr Friedemann und andere Novellen. S. Fischer, Berlin 1909
7. Königliche Hoheit. Roman. S. Fischer, Berlin 1909
8. Der Tod in Venedig. Novelle. Hyperionverlag Hans von Weber, München 1912
9. Tonio Kröger. Novelle. S. Fischer, Berlin 1913
10. Das Wunderkind. Novellen. S. Fischer, Berlin 1914
11. Friedrich und die große Koalition. S. Fischer, Berlin 1915
12. Betrachtungen eines Unpolitischen. S. Fischer, Berlin 1918
13. Herr und Hund. Gesang vom Kindchen. Zwei Idyllen. S. Fischer, Berlin 1919
14. Das Wunderkind. Das Eisenbahnunglück. Der Kleiderschrank. Schwere Stunde. Bekenntnisse des Hochstaplers Felix Krull. 250. Nummer (Jubiläumsnummer) der „Weltliteratur", München (September) 1920
15. Wälsungenblut. Novelle. Phantasus-Verlag, München 1921
16. Rede und Antwort. Gesammelte Abhandlungen und kleine Aufsätze. S. Fischer, Berlin 1922
17. Bekenntnisse des Hochstaplers Felix Krull. Buch der Kindheit. Rikola-Verlag, Wien/Leipzig/München 1922
18. Goethe und Tolstoi. Vortrag (erstmals gehalten anläßlich der Nordischen Woche in Lübeck: September 1921). Verlag „Die Kuppel", Karl Spiertz, Aachen 1923
19. Von Deutscher Republik. Rede (gehalten im Beethovensaal Berlin: Oktober 1922). S. Fischer, Berlin 1923
20. Der Zauberberg. Roman. S. Fischer, Berlin 1924 (2 Bde.)
21. Okkulte Erlebnisse. Alf Häger, Berlin 1924
22. Bemühungen. Neue Folge der gesammelten Abhandlungen und kleinen Aufsätze. S. Fischer, Berlin 1925
23. Pariser Rechenschaft. S. Fischer, Berlin 1926
24. Lübeck als geistige Lebensform. Rede (gehalten auf der 700-Jahr-Feier der Stadt Lübeck am 5.6.1926). Otto Quitzow, Lübeck 1926
25. Goethes Laufbahn als Schriftsteller. Vortrag (gehalten in Weimar am 21.3.1932). R. Oldenbourg, München/Berlin/Zürich 1933
26. Die Geschichten Jaakobs. Roman (1. Teil des vierteiligen Romanzyklus „Joseph und seine Brüder"). S. Fischer, Berlin 1933
27. Der junge Joseph. Roman (2. Teil des vierteiligen Romanzyklus „Joseph und seine Brüder"). S. Fischer, Berlin 1934
28. Leiden und Größe der Meister. Neue Aufsätze. S. Fischer, Berlin 1935
29. Freud und die Zukunft. Vortrag (gehalten in Wien zur Feier von Sigmund Freuds 80. Geburtstag am 8.5.1936). Bermann-Fischer, Wien 1936
30. Joseph in Ägypten. Roman (3. Teil des vierteiligen Romanzyklus „Joseph und seine Brüder"). Bermann-Fischer, Wien 1936
31. Ein Briefwechsel (Briefwechsel mit dem Dekan der philosophischen Fakultät der Universität Bonn anläßlich der Streichung Thomas Manns aus der Liste der Ehrendoktoren). Verlag Oprecht, Zürich 1937
32. Vom zukünftigen Sieg der Demokratie. Vortrag (gehalten in 15 Städten der USA im Frühjahr 1938). Europa Verlag Oprecht, Zürich 1938
33. Achtung, Europa! Aufsätze zur Zeit. Longmans, Green Co. Alliance Book Corporation, New York 1938
34. Dieser Friede. Bermann-Fischer, Stockholm 1938
35. Schopenhauer. Bermann-Fischer, Stockholm 1938
36. Das Problem der Freiheit. Rede (gehalten auf der Sitzung des 17. Internationalen PEN-Kongresses in Stockholm im September 1939). Bermann-Fischer, Stockholm 1939
37. Lotte in Weimar. Roman. Bermann-Fischer, Stockholm 1939
38. Dieser Krieg! Bermann-Fischer, gedruckt in Amsterdam: April 1940 (beim Einmarsch der deutschen Truppen größtenteils vernichtet)
39. Die vertauschten Köpfe. Eine indische Legende. Bermann-Fischer, Stockholm 1940
40. Deutsche Hörer! 25 Radiosendungen nach Deutschland. Bermann-Fischer, Stockholm 1942
41. Thamar. Pazifische Presse, Los Angeles 1942
42. Joseph der Ernährer. Roman (4. Teil des vierteiligen Romanzyklus „Joseph und seine Brüder"). Bermann-Fischer, Stockholm 1943
43. Das Gesetz. Erzählung. Pazifische Presse, Los Angeles 1944
44. Deutsche Hörer! Fünfundfünfzig Radiosendungen nach Deutschland (zweite, gegenüber Nr. 54 erweiterte Ausgabe); Bermann-Fischer, Stockholm 1945
45. Leiden an Deutschland. Tagebuchblätter aus den Jahren 1933 und 1934. Pazifische Presse, Los Angeles 1946
46. Deutschland und die Deutschen. Vortrag (gehalten in der Library of Congress in Washington im Juni 1945). Bermann-Fischer, Stockholm 1947
47. Doktor Faustus. Das Leben des deutschen Tonsetzers Adrian Leverkühn, erzählt von einem Freunde. Roman. Bermann-Fischer, Stockholm (veröffentlicht 1947 in New York, um den amerikanischen Urheberschutz zu sichern)
48. Nietzsches Philosophie im Lichte unserer Erfahrung. Vortrag (gehalten in gekürzter engl. Form im Hunter College, New York im Mai 1947; in ganzer Länge und deutsch auf der Tagung des PEN-Clubs in Zürich im Juni 1947). Suhrkamp (vorm. S. Fischer), Berlin 1948
49. Neue Studien. Bermann-Fischer, Stockholm 1948
50. Goethe und die Demokratie. Vortrag (gehalten zur Feier von Goethes 200. Geburtstag in Oxford: The Taylorian Lecture 1949). Clarendon Press, Oxford 1949
51. Ansprache im Goethejahr 1949 (erstmals gehalten in der Paulskirche in Frankfurt a. M. am 25.7.1949). Suhrkamp (vorm. S. Fischer), Frankfurt a. M. 1949
52. Die Entstehung des Doktor Faustus. Roman eines Romans. Bermann-Fischer/Querido-Verlag, Amsterdam 1949
53. Meine Zeit. Vortrag (gehalten in der Universität Chicago im Mai 1950). S. Fischer, Frankfurt a. M 1950
54. Michelangelo in seinen Dichtungen. Quos Ego Verlag, Celerina 1950
55. Der Erwählte. Roman. S. Fischer, Frankfurt a. M. (veröffentlicht 1951 in New York, um den amerikanischen Urheberschutz zu sichern)
56. Lob der Vergänglichkeit. S. Fischer, Frankfurt a. M. 1952
57. Der Künstler und die Gesellschaft. Vortrag (gehalten auf dem Kongreß der UNESCO in Venedig im September 1952). Wilhelm Frick, Wien 1953
58. Gerhart Hauptmann. Rede (gehalten im Rahmen der Frankfurter Gerhart-Hauptmann-Woche im 9.11.1952). C. Bertelsmann, Gütersloh 1953
59. Die Betrogene. Erzählung. S. Fischer, Frankfurt a. M. 1953
60. Bekenntnisse des Hochstaplers Felix Krull. Der Memoiren erster Teil. S. Fischer, Frankfurt a. M. (veröffentlicht 1954 in New York, um den amerikanischen Urheberschutz zu sichern).
61. Ansprache im Schillerjahr 1955. Festrede (gehalten in Stuttgart am 12.5. und in Weimar am 14.5. Redetext exzerpiert von Erika Mann aus Nr. 76). Aufbau-Verlag, Berlin (Ost) 1955
62. Versuch über Schiller. Zum 150. Todestag des deutschen Dichters – Seinem Andenken in Liebe gewidmet. S. Fischer, Frankfurt a. M. 1955
63. Tagebücher in 10 Bänden, Bd. 1–5 hg. von Peter de Mendelsohn, Bd. 6–10 hg. von Inge Jens, S. Fischer, Frankfurt a. M. – Bd. 1: 1918–1921 (1979); Bd. 2: 1933–1934 (1977); Bd. 3: 1935–1936 (1978); Bd. 4: 1937–1939 (1980); Bd. 5: 1940–1943 (1982); Bd. 6: 1944–1.4.1946 (1986); Bd. 7: 28.5.1946–1948 (1989); Bd. 8: 1949–1950 (1991); Bd. 9: 1951–1952 (1993); Bd. 10: 1953–1955 (1995)
64. Notizbücher in 2 Bänden, hg. von Hans Wysling, S. Fischer, Frankfurt a. M. – Bd. 1: Nr. 1–6 (1991); Bd. 2: Nr. 7–14 (1992)
65. Briefe – Das z.Zt. vollständigste Verzeichnis der vorliegenden Briefausgaben befindet sich in Donald Prater: Thomas Mann. Deutscher und Weltbürger. Eine Biographie, Carl Hanser, München u. Wien 1995, Ausgewählte Bibliographie, II (Briefe), S. 726–728.

Für meine Frau Katrin

Wolfgang Tarnowski, geb. 1931 in Seeburg/Ostpreußen. Abitur in der Thomas-Mann-Stadt Lübeck. Studium in Medizin und Kunstgeschichte in Hamburg. Promotion in Medizin; Habilitation im Fach Physiologische Chemie. Seit 1966 Professor und Abteilungsleiter am Universitätskrankenhaus Eppendorf. 1978 bis 1983 Kultursenator der Freien und Hansestadt Hamburg. Seit 1983 Untersuchungen zur Kunstideologie des Dritten Reichs. Forschungsarbeiten und Buchveröffentlichungen über Leben und Werk Ernst Barlachs. Studien zur Motivgeschichte in den Werken Goethes und Thomas Manns.

Gert von Bassewitz, geb. 1942 in Berlin, lebt und arbeitet als freiberuflicher Fotograf in Hamburg. Er ist Autodidakt, befaßt sich mit der Darstellung von Raum und Licht und arbeitet hauptsächlich im Bereich der Architekturfotografie. Im Ellert & Richter Verlag erschienen die Titel „Potsdam und Sanssouci", „Auf Paul Gerhardts Spuren", „Auf Friedrichs des Großen Spuren" und „Auf August Mackes Spuren".

Bildnachweis:
Farbfotos: Gert von Bassewitz, Hamburg
Historische Abbildungen im Textteil: Thomas-Mann-Archiv der ETH, Zürich
außer: Bildarchiv Preußischer Kulturbesitz, Berlin: S. 8, 69 u., 79 l.

Literatur:

Harpprecht, Klaus: Thomas Mann. Eine Biographie, Rowohlt Verlag, Reinbek b. Hamburg 1995
Kolbe, Jürgen: Heller Zauber. Thomas Mann in München. 1894–1933, Wolf Jobst Siedler Verlag, Berlin 1987 (2. Auflage)
Krüll, Marianne: Im Netz der Zauberer. Eine andere Geschichte der Familie Mann, Arche Verlag, Raabe & Vitali, Zürich 1993 (5. Auflage)
Mann, Erika: Mein Vater, der Zauberer, hrsg. von Irmela von Lühe und Uwe Naumann, Rowohlt Verlag, Reinbek b. Hamburg 1996
Mann, Katia: Meine ungeschriebenen Memoiren, hrsg. von Elisabeth Plessen und Michael Mann, S. Fischer Verlag, Frankfurt a. M. 1974
Mann, Viktor: Wir waren fünf. Bildnis der Familie Mann, Fischer Taschenbuch Verlag, Frankfurt a. M. 1994 (9.-10. Tsd.)
De Mendelssohn, Peter: Das Leben des deutschen Schriftstellers Thomas Mann, 3 Bde. (überarbeitete und erweiterte Neuausgabe der 1975 im S. Fischer Verlag erschienenen Originalausgabe), S. Fischer Verlag, Frankfurt a. M. 1996
Prater, Donald A.: Thomas Mann, Deutscher und Weltbürger. Eine Biographie, Carl Hanser Verlag, München und Wien 1995
Schröter, Klaus: Thomas Mann (Rowohlts Monographien Bd. 93), Rowohlt Taschenbuch Verlag, Reinbek b. Hamburg 1995 (27. Auflage)
Sprecher, Thomas: Thomas Mann in Zürich, Verlag Neue Züricher Zeitung, Zürich 1992
Wißkirchen, Hans: Spaziergänge durch das Lübeck von Heinrich und Thomas Mann, Arche Verlag, Zürich u. Hamburg 1996
Wysling, Hans u. Schmidlin, Yvonne: Thomas Mann. Ein Leben in Bildern, Artemis & Winkler Verlag, Zürich 1994 (2. Auflage)

Die Deutsche Bibliothek – CIP-Einheitsaufnahme

Auf Thomas Manns Spuren / Gert von Bassewitz / Wolfgang Tarnowski. – Hamburg : Ellert und Richter, 1997
(Eine Bildreise)
ISBN 3-89234-702-6

Text und Bildlegenden: Wolfgang Tarnowski, Hamburg
Gestaltung: nach Entwürfen von Hartmut Brückner, Bremen
Lektorat: Rüdiger Frank, Hamburg
Bildredaktion: Anke Balshüsemann, Hamburg
Satz und Lithographie: KCS GmbH, Buchholz/Hamburg
Druck: C. H. Wäser, Bad Segeberg
Bindung: S. R. Büge, Celle